Mystery

LUNA SEA

驚異！世界史

惡女毒婦

陳馳——著

闇黑歷史研究會——編

目錄 CONTENTS

CHAPTER 1

權慾催生的毒惡之花

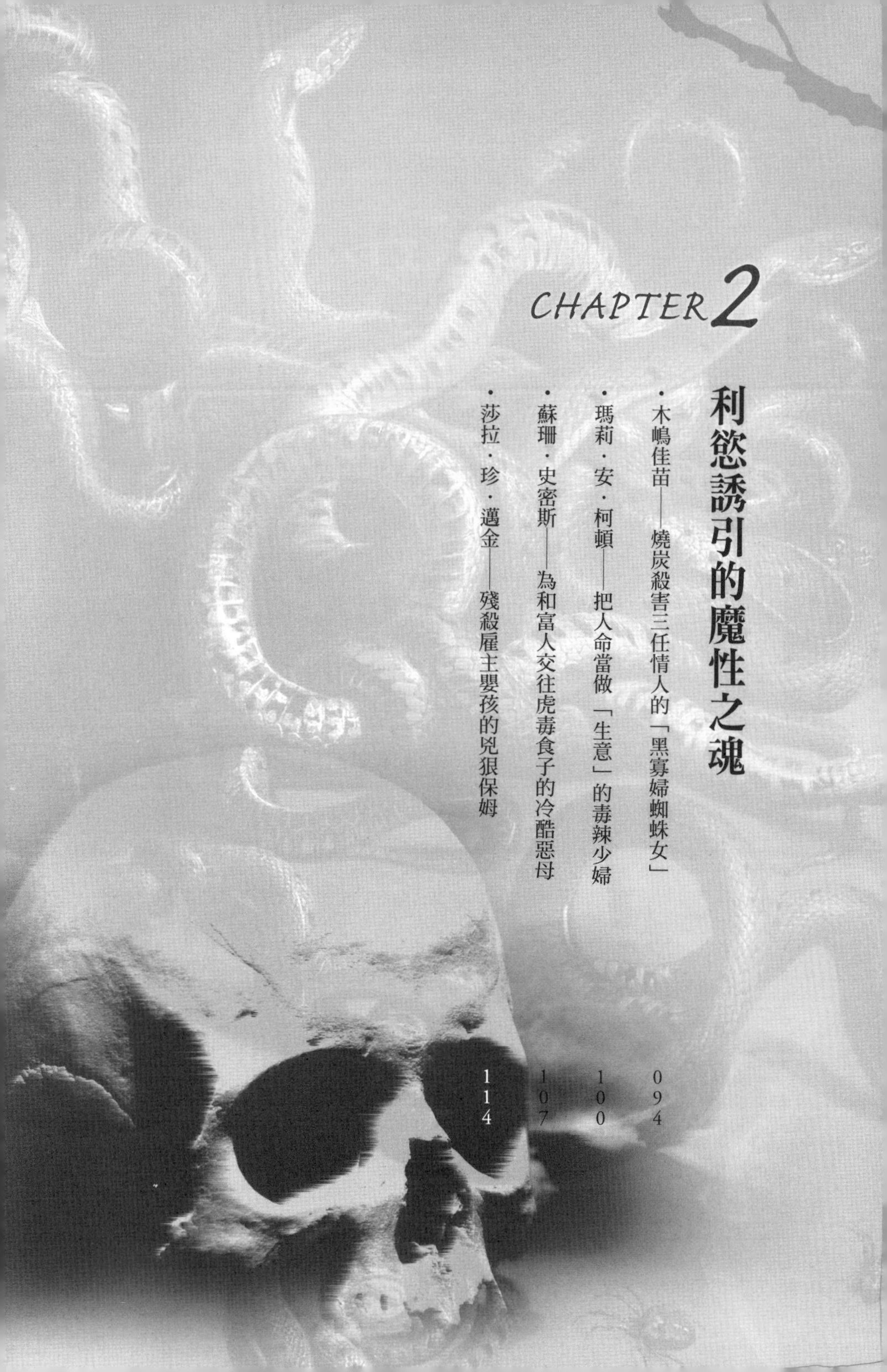

CHAPTER 2

利慾誘引的魔性之魂

CHAPTER 3

情慾蠱惑的妖邪之魄

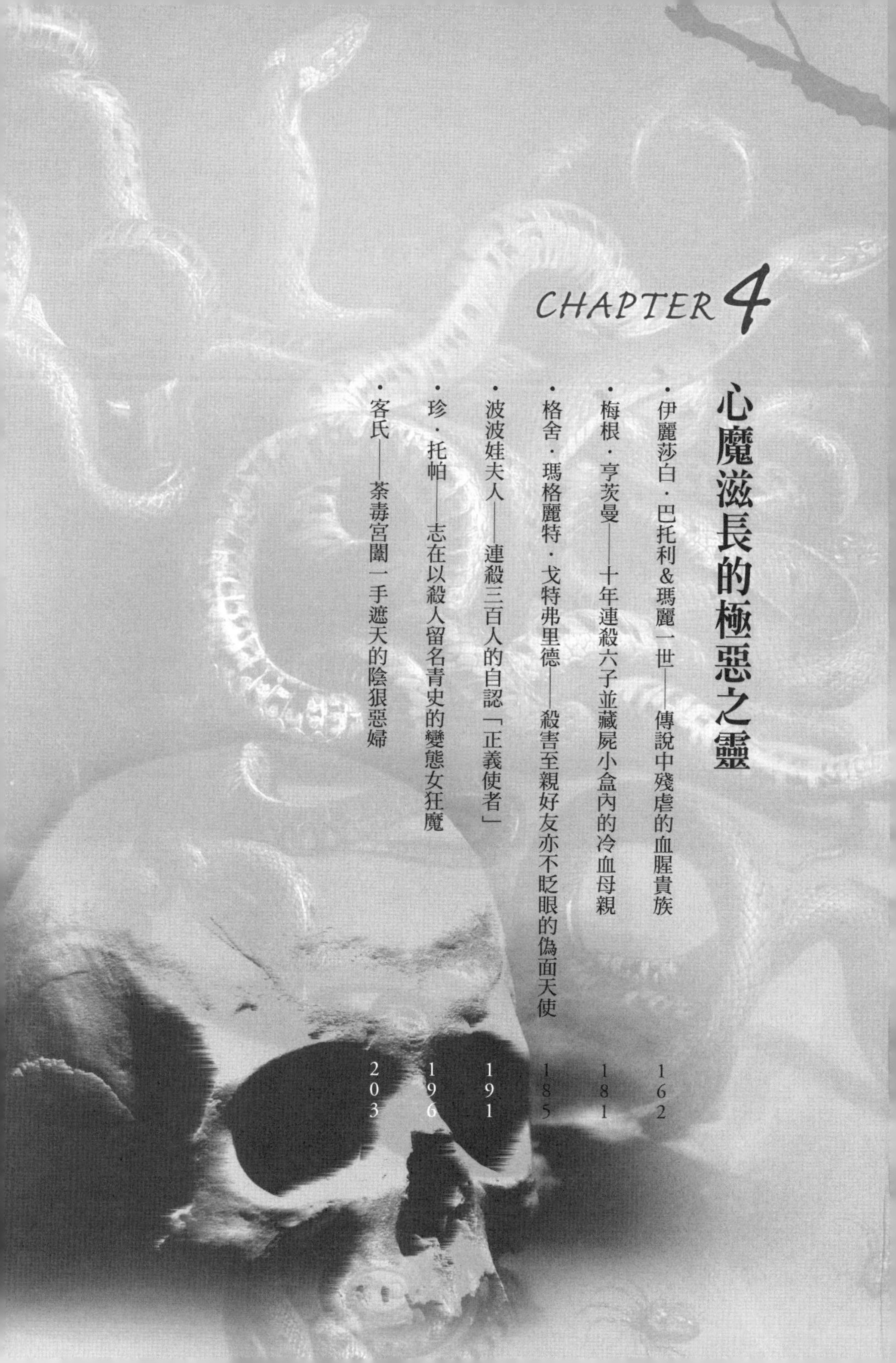

CHAPTER 4

心魔滋長的極惡之靈

CHAPTER 1

權慾催生的毒惡之花

呂后——踩著皚皚白骨上位的「千古第一毒后」

◎吹牛吹出來的姻緣

在古代，任何一個女人想要有所成就，不依靠婚姻是不可能的，她們的寵和辱，甚至生和死，都和婚姻有著密切關係，即便是大名鼎鼎的呂后，也是因為她年輕時締結的姻緣，才有了後來的權傾天下。

漢朝的開國皇帝劉邦，在早年其實是個完完全全的「閒雜人等」，整天遊手好閒、無所事事，對下地農耕沒有任何興趣，每天只和賭徒酒鬼混在一起，到四十歲仍只是家鄉江蘇沛縣的小小亭長[1]，甚至連老婆都沒有，就連父親都認為劉邦是所有兒子中最不成材的一個。

的確，無論按照怎樣的標準，彼時的劉邦都是一個人生失敗組，至少他的前半生碌碌無為，眼看著後半生也要這般平庸下去了。但是，也正是從四十歲這一年，他的命運軌跡開始出現急劇的變化，其中第一件大事，就是他吹牛吹來了一個老婆——她正是後來幾乎成為中國第一個女皇帝的呂后。

呂后的本名叫做呂雉，老家在山東一個叫單父縣的地方，和沛縣隔了有好幾百里遠，古時交通不便，這樣的距離幾乎就意味著兩個人之間不可能有任何交集。但世上總有些事情彷彿冥冥之中已注定。呂后的父親呂公因事與人結仇，為了躲避仇人，帶著兩個女兒和兩個兒子投奔到沛縣，當時的沛縣縣令是呂公的好友，便招呼他們一家在縣衙中安頓下來。

一日，縣令宴請賓客，大擺酒席，當地的官員豪紳都來參加。由於參加者眾多，於是縣令便立了一個規矩：凡納錢一千以上的，就可以到堂上喝酒，不足一千者，只能坐在堂下。當時負責收錢的人，正是蕭何[2]，他後來雖然成了劉邦的開國功臣，但那時卻是劉邦的上司，平時也對劉邦頗多關照。

等到劉邦來到宴席門口時，沒有在蕭何那裡繳上一文錢，卻大聲喊道「泗水亭長劉季[3]賀錢萬」，意思就是他交了一萬錢的禮金，邊說著就邊往堂上走去，而蕭何也只是睜一

1 亭長為鄉官名，秦漢時期在鄉村每十里設一亭，亭長負有防禦敵寇之責。
2 蕭何（前二五七～前一九三年），江蘇沛縣人，曾為秦時監獄官員，後隨劉邦起兵為主要謀士，在劉邦戰勝項羽的過程中是非常關鍵的人物。
3 劉季即劉邦，古時按長幼順序稱為伯、仲、叔、季，劉邦為家中最小的兒子，故也被稱為劉季。

隻眼閉一隻眼。

儘管在蕭何那兒算是輕鬆過關了，但在場的人其實都聽得出來劉邦在撒謊，為什麼呢？因為劉邦身為亭長，一年的俸祿也就一千錢左右，喝個酒就能一下子拿出自己十年的工資，根本是天方夜譚。但劉邦非但一點也不覺得緊張，反而直接走到堂上的上席——也就是貴賓席就坐。對普通人來說，這已經算是「大膽」的極限了，但對於劉邦來說還不是，他不僅虛報一萬禮錢坐上貴賓席，還在席上邊喝酒邊開那些賓客的玩笑，談笑風生的模樣，彷彿他才是這次宴會的主人。

就在眾人對劉邦的行為或驚愕或鄙視時，一個人正在暗中觀察著，他就是呂后的父親呂公。呂公是個善於看相的人，他第一眼看到劉邦時就發現此人面相不俗，非凡人可比，於是在宴會結束之後，他也很直接地對劉邦說出了自己的想法：「我覺得你的面相非比尋常，將來必成大事，我想把我的女兒嫁給你服侍你左右。」

▲據野史記載，漢高組劉邦稱帝之前，因吹牛而娶到妻子呂氏（明人繪）。

這時的劉邦，人已中年卻單身、平庸、碌碌無為，做夢都想不到會有這種好事掉到自己頭上，喝酒不僅分毫未花，竟然還能撿個老婆，自然非常高興地答應了。但有一個人卻很不樂意，那就是呂后的母親，她的理由很簡單：縣令曾經多次向呂公提親，呂公卻一直不肯答應，而在酒席上遇到初次謀面的閒散之人，反而馬上把女兒嫁出去了，這不是荒唐至極嗎？

不過，那時在呂家是呂公說了算，所以最終劉邦和呂雉還是成了親。呂雉嫁給劉邦是明媒正娶，而按照漢朝女子出閣的規矩來算，呂雉那時還不到二十歲，她也還不是後來那個令人生畏的呂后，就跟絕大多數的女兒一樣，她對於父親的意願除了順從別無選擇。

就因為一次吹牛，劉邦給自己吹來了一個老婆，這時的劉邦想都不敢想當皇帝之類的事情，更不會想到他娶的這個女人後來幾乎要吞掉自己打下的全部江山。

◎仇恨的種子

後世給呂后貼上的標籤大多是「心狠手辣」、「殺人不眨眼」之類，但人之初性本善，沒有人一生下來就嗜血，呂后也一樣。

二十歲左右的呂雉和其他普通婦女沒有什麼區別，婚後為劉邦生下了一子一女，不僅要操持家務，還要天天下田幹活。劉邦做為亭長，主要的工作就是把服勞役的人押送到秦國首都咸陽，一年當中大部分時間都在外地，所以這個家幾乎是由呂雉一個人撐起來的。

有一次，一個流浪的老人從田裡經過，呂雉主動替他拿來吃的喝的，老人預言她和她兒子將來都會大富大貴。這則小故事雖然可能只是傳說，但從另外一方面也可以看出，那時的呂雉不僅勤勞，而且也算是善良。

如果生活一直就這麼平淡下去，呂雉最後的結局也只是勞碌一輩子，最後老死在這片土地上。但就在她嫁給劉邦後幾年，「苦秦久矣」的人們揭竿而起，反抗秦朝暴政，劉邦也組織了自己的武裝隊伍。值得注意的是，劉邦開始起義時，並不是在家鄉沛縣，而是在一次押送勞役的途中，期間因為有好幾個人悄悄溜走，按照法律，即便最後他們到了咸陽，劉邦也是要被殺頭的，所以才索性起兵造反。

劉邦造反的直接後果，就是在老家的父親、子女，以及呂雉，全都被抓起來投進了監獄，呂雉在牢中還遭受了極大的虐待，可說為了劉邦吃盡苦頭，幸好獄卒中有人是劉邦的朋友，最終才得以保命。

劉邦起兵之後進展神速，三年後不僅滅秦，自己也成了「漢王」。這三年之間，呂雉不僅和丈夫一面都沒見過，而且上有老下有小，過著極其艱難的日子，經常遭遇生命危險。此時的劉邦也曾想過回老家接回妻小，但卻被他的死敵項羽[4]搶先一步，將劉邦所有家人全都抓起來當人質，在楚漢對峙的時候，項羽甚至威脅要把劉邦的父親和呂雉煮來吃掉，甚至當著劉邦的面把鍋都架起來了。在提心吊膽之中，呂雉又度過了兩年的艱熬歲月，最終被項羽釋放。

▲西楚霸王項羽。呂雉在被接入宮前，曾被項羽挾持做為人質，吃盡苦頭。

回顧呂雉人生的這五年，她不僅盡到了一個妻子所有的義務，替劉邦贍養老父，還一手把兒子和女兒拉拔長大，在兵荒馬亂的時期裡，顯得更加不容易，同時也因為劉邦的造反，多次因夫下獄，命懸一線。然而，當呂雉跟劉邦團聚以後，卻驚訝地發現，自己丈夫

4　項羽（前二三二～前二〇二年），秦末下相（今江蘇宿遷）人，秦末起義將領，後與劉邦爭奪天下，最後敗於垓下，自刎於烏江。

身邊已經多了一個年輕貌美的女人，她就是戚姬[5]，後世多稱她為「戚夫人」。

戚夫人幾乎可說是劉邦一生中最寵愛的女人，她替劉邦生了一個兒子叫劉如意，名字是劉邦親自取的，「如意」二字可見劉邦對這個兒子的滿意程度之高，溢於言表。

戚夫人來到劉邦身邊時，二十歲不到，能歌善舞，再加上面容姣好，各方面都勝過呂雉。當然，劉邦還不至於一腳踢開結髮之妻，不過卻明顯對呂雉冷淡了許多，每晚陪侍的枕邊人也換成戚夫人，而和呂雉之間甚至連話都很少說了。

呂雉可以忍受貧窮，也可以承受辛苦，生死交關對她來說也已司空見慣，但是自己忍辱負重五年，受盡苦難，如今年華老去，自己的丈夫卻輕易地被另外一個女人搶走了，這樣巨大的心理落差，讓呂雉的內心發生了巨大的變化。她意識到自己已經不可能得到劉邦的愛了，只好從其他方面來補償自己，也就是從那一刻起，呂雉開始在心裡種下了仇恨的種子，雖然一開始只是針對戚夫人，但後來隨著時間推移，這顆「種子」變得愈來愈難以控制，最終結出了野心、血腥和殺戮的苦果。

◎比男人更狠的女人

自從在劉邦那兒失寵以後，呂雉便將唯一的希望寄託在自己的兒子——後來的漢惠帝劉盈身上，任何敢威脅到劉盈地位的人，呂雉都會毫不猶豫地除掉，而第一個成為受害者的，就是韓信。

當楚漢對峙時，韓信掌兵數十萬眾，是一支具有決定性關鍵的第三方力量，他最後選擇倒向劉邦，這等同於直接將劉邦推上了皇位。天下平定以後，劉邦雖然對韓信分土封王，但卻對他極不放心，日夜焦慮的都是同一個問題：自己要是死了，年幼的兒子怎麼鎮得住這些打江山的功臣？劉邦自然希望能除掉韓信，這是最好的結果，因為只有死人才不會有任何威脅，但他還是有點下不了手，只好先找個藉口卸除了韓信的兵權，並貶為淮陰侯。

精明的呂雉同樣也看出韓信對自己兒子的威脅，她本以為劉邦遲早會除掉韓信，最後卻發現丈夫竟心慈手軟放過了他，於是她索性自己動手。有一次劉邦外出巡視，呂雉設計

5 戚姬（？～前一九四年），山東定陶人，楚漢之爭時追隨劉邦，後在劉邦去世後被呂雉所殺。

將韓信招入未央宮[6]中，還未等韓信開口說話，就命人將其用袋子套住吊在半空中，再一針一針將韓信刺死，用如此殘忍的手段，俐落地除掉了一個潛在的敵人。

事實上，韓信和呂雉之間沒有半點仇怨，相反地，當年呂雉還在項羽手中做人質時，正是韓信帶兵斷了楚軍的糧道，才使得項羽不得不和劉邦議和，被迫把包括呂雉在內的人質歸還劉邦，從這層意義上來說，韓信應該算呂雉的恩人。然而，呂雉早已不是當年的呂雉，現在的她對任何一個會威脅到她兒子帝位的人都只有一個字：「殺」，而且下手時眼睛連眨都不眨一下。

說韓信有造反之心，其實多多少少有點根據，他也的確暗中和其他諸侯有過聯絡。但另外一位開國功臣，根本就沒有任何反叛之心，卻依然以莫須有的罪名被誅殺，他就是彭越，而這一次殺戮的執行者，依然是呂雉。

如果說韓信在楚漢之爭中，對劉邦的幫助是在戰略方面，那麼彭越則是在戰術方面上給了劉邦極大的助益，多次和項羽直接交鋒，都是彭越親自上陣，而且幾乎每一場戰鬥都

▲韓信雖替劉邦立下汗馬功勞，但功高震主，遭卸兵權，最後更慘死於呂后手下。

給了項羽致命的打擊，甚至最後將項羽合圍至垓下[7]，逼得西楚霸王自刎烏江[8]，也是由彭越領兵。

後來，彭越也被封王，但不久後發生的兩件事，改變了他的命運。第一件，有一次劉邦外出平叛，要彭越也一起出兵，但彭越只讓自己的下屬參戰，沒有親自領兵，這讓劉邦十分生氣，彭越原本準備面見劉邦向他解釋，以消除誤會，不過他的手下卻建議他不要去，去了可能就沒命了。正在彭越猶豫的時候，發生了第二件事：彭越手下一個管車馬的僕人犯了罪，彭越要殺他，這個僕人竟悄悄跑去見劉邦，誣告彭越準備謀反。

因為以上兩件事情，劉邦很快就把彭越抓了起來，但並沒有殺他，只是將他流放四川。在流放的路上，走到陝西時，彭越剛好碰到從長安去洛陽的呂雉，頓時覺得像碰到了親人一樣，把自己所有的冤情都說給呂雉聽，希望她能幫自己伸冤。呂雉滿口答應，說：「好吧，你跟我走，回去我替你說情。」但呂雉早就不是彭越所以為的那個簡單善良的女人了。回到長安後，呂雉立刻找劉邦，說：「怎麼能把彭越放到四川去，他要是在那兒起

6　未央宮為西漢時皇家宮殿，是君臣朝會之地，名字取自《詩經》中：「夜如何其？夜未央。」
7　垓下，古地名，垓下位於今安徽省靈璧縣境內，是楚漢相爭最後決戰的戰場遺址。
8　烏江，今安徽和縣東北四十里長江岸的烏江浦。

兵造反怎麼辦？這個人必須殺掉。」

很快地，在呂雉的授意下，彭越的門客到官府自首，並誣告彭越謀反。最後的處理決定有兩條：一是滅彭越三族，即父族、母族、妻族；另外一個則由呂雉親自決定，也更加恐怖，那就是殺掉彭越後將其屍首做成肉醬！這還不夠，呂雉還把肉醬分給天下所有諸侯，中央派人監視他們必須親口吃下。到這時，呂雉對於殺人早已覺得稀鬆平常，甚至還更進一步，用令人髮指的恐怖手段來震懾潛在的敵人。

一個韓信，一個彭越，沒有他們，劉邦當不上皇帝，呂雉成不了呂后，而且可能連命都會丟在項羽手裡。然而，即便是劉邦，心裡雖有殺他們的念頭，但也只是分別給予貶為淮陰侯和流放四川的懲罰，呂雉卻極其兇狠地解決了他們，甚至還責怪劉邦優柔寡斷。把彭越做成肉醬的事情，更是將呂雉內心的殘酷冷血展現得淋漓盡致，這個生長於普通人家的女人，終於完成了可怕的蛻變。

◎「人彘」的發明者

所謂「彘」，就是「豬」的意思，而「人彘」就是將人變成豬的一種酷刑，它的發明人正是呂雉，她幾乎將自己所有的想像力都用在這種刑罰上，讓其他人光是聽到就足以膽寒。

前面曾經說過，呂雉最主要的敵人，是那些威脅到自己兒子帝位的人，在殺掉韓信、彭越等一幫開國功臣之後，戚夫人所生的劉如意便成了呂雉的首要獵物，她一直都在尋找適當機會，好能迅猛地一把撲上去。

在劉邦死前，一直都對劉如意十分疼愛，甚至很認真地考慮要撤換太子——這簡直就是要呂雉的命，是她最不能接受的。然而，由於朝中老臣們的反對，劉邦直到駕崩之時，也沒能真正換掉太子，呂雉的兒子劉盈還是順利繼位。不過，戚夫人和劉如意如同兩根刺，卡在呂雉的喉嚨裡，讓她欲除之而後快。

劉邦一死，呂雉就開始了計畫已久的行動。那時的劉如意已被封為趙王，領地在山西、河北一帶。呂雉最初召趙王進京時，趙國的相國周昌知道此去凶多吉少，於是稱趙王生病，自己代為赴京，之後又多次從中阻攔，以至於呂雉直接對周昌說：「你明明知道我恨戚姬和劉如意，為什麼還要阻攔？」之後乾脆把周昌扣留起來，最終還是把趙王劉如意召回了宮中。

這時的趙王只是一個十五歲的孩子，不僅完全不懂陰謀權術，而且對呂雉和漢惠帝也根本構不成任何威脅。但是呂雉的眼中已經沒有什麼成人、小孩之分，只要是威脅，她就一定要殺掉。

漢惠帝雖然也很清楚自己母親的打算，但他卻是個仁慈善良之人，對於自己同父異母的弟弟百般保護，在宮中隨時都將劉如意帶在身邊，以致呂雉一直無法下手。直到有一天，漢惠帝早起出去打獵，劉如意因為無法早起而留在宮中，呂雉得到此一消息後立刻命人入宮，強行對劉如意灌下毒藥。等漢惠帝回來時，發現自己的弟弟已經是一具冰冷的屍體，不禁放聲大哭起來。

以往殺韓信、殺彭越，還算是政治鬥爭，但呂雉對一個年僅十五歲的孩子都不放過，而且還是以這樣一種「見縫插針」的方式殺人，可見其內心早已扭曲。然而，若和之後的戚夫人比起來，呂雉的對劉如意「毒殺」已經算是一種「仁慈」了。

劉如意死後，其生母戚夫人也被立即關入永巷[9]的牢中，每日像奴隸一樣做事，一天到晚必須要舂一定數量的米，如果舂不夠就沒有飯吃，還會遭受各種折磨。即便如此，呂雉依舊沒打算放戚夫人一條活路，當初的爭寵，以及後來差點換太子等等積怨，讓呂雉內心復仇的火焰愈燃愈高，最後讓她做出了一個恐怖的決定：將戚夫人做成人彘。

於是，戚夫人被砍斷四肢、挖出眼睛、削去鼻子，然後用銅灌入耳朵使其失聰，接著灌下瘖啞藥破壞聲帶，這時的戚夫人已經看不見、聽不見，更發不出任何聲音了。呂雉還嫌不夠，叫人剃光了她所有毛髮，甚至連睫毛都要一根一根拔掉，最後，將已經成為「人彘」的戚夫人扔進茅坑，任其自生自滅。

漢惠帝還沒從弟弟的死中回過神來，忽然又有太監奉後宮之命，來引他去看一樣東西。當漢惠帝被帶進永巷曲曲折折的一間牢房後，呈現在他眼前的是一個既像人又像豬的東西，在地上不斷扭動，頭上有兩個血窟窿，口中的舌頭也已被割斷，一絲聲音也發不出。漢惠帝被眼前的怪物嚇得往回縮，並問太監這是何物，太監當時卻不敢直說，直到回宮後才說出那就是戚夫人，漢惠帝在得知真相後，驚得當場就癱倒在地。

以上的一切，自然全都是呂雉安排的，她不僅要用最不人道的方法殺掉戚夫人，甚至還殘忍地讓自己的兒子去觀看，似乎是在展示自己對兒子的保護有多周全。但是，漢惠帝一點也不領情，親眼見到地獄般的場景，讓他的精神受到巨大打擊，不僅開始恍惚，更就此縱情聲色不問政事，不久之後，在一場大病中去世，年僅二十四歲。

9 永巷原為宮女居住的地方，漢代漸漸稱為幽禁妃嬪、宮女之地。

把戚夫人做成人彘後，呂雉也曾去「參觀」過，但和自己兒子的精神崩潰完全不同，呂雉不僅沒有一點驚恐，反而十分滿意戚夫人的「造型」，也正因為如此，才會讓人帶漢惠帝也去看看。

「人彘」這一前無古人的發明，讓呂雉最終由「狠」跨入了「毒」，加上劉邦已死，已經沒有任何人能夠阻攔得了這位「千古第一毒后」。

◎坐錯座位也是殺人理由

從劉邦去世的那一刻開始，呂雉其實就已經是整個國家的掌權者，漢惠帝只不過是個傀儡，且他本身也沒有政治野心。於是，朝野上下的生殺大權就全都掌握在呂雉手中。

話說劉邦在和呂雉結婚前，其實有一個私生子，名叫劉肥，後來被封為齊王。一次齊王進京，漢惠帝設宴款待，因為齊王年紀比自己大，加上又是家庭內部的聚會，於是便以兄長之禮待之，想讓齊王坐上席。劉肥也不覺得有什麼不妥，於是欣然接受了這個安排。哪知這一切都被呂雉看在眼裡，但她並未馬上動怒，而是命人端來兩杯酒放在劉肥面前，劉肥也馬上把酒端起來，準備向自己的嫡母太后敬酒。就在這時，漢惠帝見到自己的兄長在敬酒，也想來向母后敬酒祝壽，但他剛端起酒杯，就被呂雉一巴掌打翻在地。見此情景，劉肥似乎也明白了什麼，酒也不敢再喝，而是假裝自己已經喝醉，很快逃了出去。

之後，劉肥派人打聽得知，那杯酒中的確有毒，自己是非常僥倖才能逃過一劫。然而，劉肥依然惶恐不安，因為呂雉若是對自己起了殺心，他是怎麼也逃脫不了的。幸好劉肥的下屬替他出了個主意：這次呂后的確是很生氣，但也不是沒有活路，只不過需要流點血，獻點東西上去才行。具體的辦法就是把齊國的一個郡（等同十幾座城）獻給呂雉的女兒，也就是魯元公主；獻城還不夠，還要尊魯元公主為太后，也就是說要認自己同父異母的妹妹當媽。

▲齊王劉肥為保命，在呂后的逼迫下認妹作母，極盡屈辱。

以上兩條，割讓城池還算比較正常，但認妹作母實在是荒唐之極，也是對一個人尊嚴的莫大侮辱。但是為了保命，劉肥還是做到了，呂雉聽說後，也的確放了他一條生路，史書中對於呂雉當時的反應的描述是：「喜許之」，意思就是很高興地答應了。寥寥三字，就將呂雉的貪婪、狠毒和無恥刻畫得淋漓盡致。

◎我要誰死，誰就得死

漢惠帝死時，雖有皇后張嫣，但是她卻沒為惠帝生下兒子，按照漢室的規定，皇位必須由嫡生的長子來坐，於是誰來繼承帝位便成了一個大問題。呂雉的辦法是：漢惠帝有一個妃子周美人，將她的兒子劉恭過繼給張嫣，然後謊稱他就是張嫣的兒子。

在整個過程中，周美人沒有一點反抗，她完全順從呂雉的意思，內心縱然百般不捨，但也知道違背呂雉的下場。然而呂雉的想法卻遠不止過繼一個兒子，她深深明白自己能走到今天，「太后」這個身分是極其重要的，她可不想以後再出現第二個自己。於是，剛剛接走劉恭，便立刻派人殺死了周美人。

劉恭繼位之後，要是乖乖聽呂雉的話，倒也可以平安無事地做個傀儡皇帝，但他卻偏偏沒有。有一次，不知怎麼，呂雉殺掉自己親生母親的事情讓劉恭知道了，儘管他那時年紀還小，卻依然顯現出極大的憤怒，說：「我現在還小，沒有辦法，但等我長大了，一定要替我母親報仇。」

劉恭的話很快傳到了呂雉耳中，這讓她內心很是震驚，因為劉恭當時不過是個八歲小孩，就已在心中埋下這樣的復仇種子，那以後等到自己老了，肯定不會有什麼好結果的。於是，呂雉根本就沒有想過要進行調查，以弄清楚這件事到底是其他人的挑撥，或者劉恭的話被以訛傳訛——她不需要考慮這些，劉恭將來確實可能那麼做，而只要存在這種可能性，那這個八歲的孩子就不能再活下去了。

後來，在曾經關押過戚夫人的永巷，劉恭也成了那兒的囚徒，而呂雉對外的解釋是：他精神錯亂了，已經不能繼續做皇帝領導天下。朝中大臣們對於呂雉的舉動其實心知肚明，但沒有一個人敢站出來表示異議，反而全都表示擁護呂雉的決定。見到底下的大臣們無人反對，呂雉就更加大膽，不久之後乾脆將劉恭殺掉，永遠消除後患。

到這個時期，呂雉在「殺人」這個方面已經顯得異常熟練，不僅僅在於她的兇殘，更在於她對於自己要殺的目標很明確，她以近乎恐怖的冷靜頭腦，分析出哪些是自己的潛在威脅，而一旦確定之後，幾乎就不會讓這些「獵物」逃脫，對於對自己地位有威脅的人，更是會進行無差別的殺戮，女人、孩子，或是弱小，都不能成為逃脫的理由。

◎走上巔峰的呂雉和呂氏家族

本來從劉邦死後，呂雉就已經實際控制了政局，但名義上的她只是太后，許多號令依然要由漢惠帝來下旨。漢惠帝死後，先後有過兩位少帝[10]，分別是劉恭和劉弘[11]，兩人在位的時間加起來一共八年。這八年期間，呂雉以皇帝年幼，無法執政為由，正式代為稱制。所謂「制」，就是皇帝所下的詔書，呂雉稱制也就是說她幫著下詔書，整個最高行政機關的權力也就落入了她手中。

呂雉權力雖大，但她唯一的兒子漢惠帝英年早逝，她對於劉邦其他的兒子不僅沒有任何親近感，反而處處提防，隨時警惕他們會聯合起來對付她，為之前她對劉氏所做的那些事情報仇。在這樣的情況下，呂雉選擇了增強呂氏家族的力量，並以此來鞏固自己的地位。

在自己的娘家人中，呂雉前後一共封了十幾個王，讓呂家的勢力遍布天下，有時候還會遇到人太多，以致官位不夠分封的情況。呂雉採取的手段可說喪心病狂：劉邦的一個兒子叫做劉健，最早被封為燕王，在位十五年間也算平平穩穩，但是等到他死後，呂雉竟然直接派人殺掉劉健所有的兒子，一個都沒有留下——這等於是斷絕了劉健這一支的血脈，而被殺掉的，全都是劉邦如假包換的嫡系孫子。呂雉如此瘋狂的舉動只有一個目的，就是想讓自己的姪孫呂通坐上燕王的位置。

呂氏家族的男丁們瘋狂上位，呂氏的女人們有了後臺，也變得異常強勢起來，其中殺死趙王劉友的事件就是最佳例證。劉友是劉邦的第六子，呂雉毒殺了戚夫人的兒子趙王劉如意後，就讓劉友接著當趙王。不過這個王位可不是那麼好坐的，呂雉想要在他身邊安插親信，便強行把自己的一個姪女嫁給了他。劉友對於呂雉的姪女根本不感興趣，平時也只寵愛其他女人，結果被這位來自呂氏的夫人一狀告到京城，內容描述得很嚴重：劉友對太后相當不滿，對於呂氏封了這麼多王也很不高興，還說等呂后百年之後一定要好好收拾他們。

其實，劉友根本就沒有說過那些話，但對於呂雉而言，寧可信其有，不可信其無。她不動聲色地召劉友進京，卻又一直不見他，只是把他軟禁在官邸裡，派衛隊團團包圍起來，雖然沒有要殺他的意思，但也不讓他出來。不過很快地，和劉友一起進京的下屬看出來了：呂雉打算要餓死趙王啊！於是他們開始想辦法偷偷給劉友送飯，但全都沒有成功，而且一旦被抓住，便會當場處死。不久之後，劉友果然活生生地餓死在官邸中。不僅如此，堂堂漢高祖劉邦的兒子在被餓死之後，竟然只是以平民禮儀下葬。

10 少帝指年幼而被廢的皇帝。

11 劉弘（?～前一八〇年），漢惠帝第四子，由呂雉扶植上位，後在呂雉死後被劉氏貴族和大臣廢黜。

值得一提的是，趙王這個位置，在漢代幾乎成了一種魔咒，因為在劉友被餓死後，接著繼任的劉邦第五子劉恢也未得善終。原來，劉恢成為趙王之後，呂雉同樣也強行要他娶自己的姪女，但同樣沒能得到劉恢的歡心。這一次，這個來自呂氏的女人倒是沒有去誣告他，但手段同樣殘忍——直接殺掉劉恢所有喜歡的女人，這讓劉恢非常鬱悶，他知道自己不可能反抗，若反抗很有可能只有死路一條，最後在絕望之中，竟然選擇了自殺。

劉邦一共有八個兒子，呂雉直接殺掉了其中的兩個：劉如意和劉友，逼死了劉恢，差點就殺了劉肥，還將劉健一家絕後，而自己親生兒子劉盈的死也和她間接有關，最後能安安全全躲過呂雉毒手的，竟然還不到一半。

◎呂氏天下的坍塌

踩著許許多多人的白骨，呂雉終於登上了權利的巔峰，在她之前的歷史中，沒有任何一個女人可以達到她的高度。她對於敵人沒有一絲手軟，對於任何可能的威脅也不會有一點點仁慈。事實上，自劉邦去世後，呂雉實際執掌漢朝政權長達十五年之久，除了皇帝不姓呂以外，幾乎整個天下全都歸入了呂氏一族手中。

不過，再強勢、再強悍的人也躲不過死亡，西元前一八〇年，呂雉最終病重而死，僅僅在她死後的第二個月，劉氏諸侯即立刻起兵清剿呂氏一族。由於呂雉在位時過分殘暴，不得人心，又加上她的姪子們能力不足，呂氏很快就被剿滅，劉邦的第四個兒子漢文帝劉恆繼位，重新恢復了劉氏家族對國家的統治。呂雉以血建立起來的呂氏天下，就此徹底坍塌了，而呂雉本人，也從此背上「天下第一毒婦」的名聲。

慈禧太后——為私慾險致亡國滅種的千古罪人

◎官宦小姐

道光十五年，西元一八三五年，十一月的北京已經進入了深秋，在一個中下層滿洲貴族的家裡，人們臉上都洋溢著喜悅，因為家族又迎來了新成員——一個小格格剛呱呱墜地。

這一年的北京城，有許許多多的嬰兒降生，他們來自不同的階層，上至王公貴族，下至販夫走卒，一個女嬰的到來雖然讓這個滿洲家庭多了幾分喜氣，但所有人都不會對這女嬰有太多的期待，她將來能夠平平安安長大，有椿門當戶對的婚姻，就已經算是有福氣了，畢竟在一個封建社會裡，嫁得好就是一個女人的最高成就。但這個女嬰後來不僅達到以上標準，而且還得到了許多人做夢也不敢想的地位：皇太后。她就是葉赫那拉・杏貞，死後的謚號是「孝欽慈禧端佑康頤昭豫莊誠壽恭欽獻崇熙配天興聖顯皇后」，後人對她的另外一個稱呼更加熟悉：慈禧。

▲ 慈禧謚號「孝欽慈禧端佑康頤昭豫莊誠壽恭欽獻崇熙配天興聖顯皇后」。

慈禧的父親名叫惠徵，當時為吏部二等筆帖式，所謂「筆帖式」，即是做一些謄寫和擬稿的工作，相當於現在的文書。儘管官職並不顯赫，但也算是在朝廷中樞機構任職，加上慈禧的祖父和曾祖父均曾經在朝為官，而且葉赫那拉氏祖上與皇族愛新覺羅氏還有過聯姻，所以慈禧絕對算是貴族出身，雖然和王爺、貝勒、公主們比不了，但也是平民和下級官吏們所不敢企及的。

和所有貴族家庭的女兒一樣，慈禧從小就接受了良好的教育，不僅精通滿文、漢文，而且還練得一手好書法，其他如詩詞歌賦方面的培養更不在話下，對於一個貴族家庭的女子，這些修養並不只是為了陶冶性情，它們還有更現實的目的，那就是希冀能憑藉出眾的涵養素質進入皇家的圈子。幸運的是，上天不僅給了慈禧聰慧的特質，更給了她不俗的容貌，這兩樣加在一起，為這位官宦小姐後來通往紫禁城鋪就了一條坦途。

◎後宮晉升初露鋒芒

在中國的歷史中，清朝對於如何選擇進入皇宮的女人有著非常詳盡的規則，而且愈到後來愈嚴格。普通的宮女，每年都會錄取一批，對她們並沒有什麼特別的要求，任何人家的女子都可以，只要符合年齡和身體的標準，就有進宮的機會，當然，她們進宮做的是「奴才」，只不過是高級一點的奴才；另外一種遴選，則被稱之為「選秀」，其標準就完全不同：必須是十三至十七歲未出嫁的女子，德貌雙全，還必須是八旗[12]女子，而且是官員貴族的後代，如此嚴苛的條件下，選秀要三年才進行一次，其中前兩輪都會由負責內務的太監們進行篩選，上報篩選過的名單之後才由皇帝做最後的定奪。

西元一八五二年，慈禧十七歲，已經快要過了選秀的年齡上限，但剛好趕上了這一年的選秀。事實證明，就自身的條件而言，慈禧絕對是很有競爭力的，因為她一入宮即被封為貴人，要知道，不少的秀女入宮後都要從「常在」、「答應」等更低的級別做起，而慈禧似乎得到當時咸豐皇帝[13]的特別青睞，直接當上了「貴人」。

後宮中的女人們都有著明確而嚴格的等級制度，除了皇后以外，往下分別是：皇貴妃、貴妃、妃、嬪、貴人、常在、答應。其中，皇貴妃一人、貴妃兩人、妃四人、嬪六人，貴人、常在和答應則數量不定，也就是說，慈禧在宮中的「事業」雖然有個不錯的起點，但依然有很多的競爭者。

12 八旗是清代滿族的社會組織形式，每一旗代表滿族的一個分支，共分為正黃、正白、正紅、正藍、鑲黃、鑲白、鑲紅、鑲藍八旗。
13 咸豐皇帝（1831-1861），清文宗愛新覺羅．奕詝，在位時間為一八五〇至一八六一年。

◎圖片來源：Wikimedia Commons

▲ 咸豐皇帝朝服像。咸豐賞識慈禧的聰慧，甚至曾讓其代批奏摺，可謂慈禧涉足朝政的發端。

後來的事實證明，慈禧的晉升之路異常平步青雲，入宮後兩年即晉嬪位，又過了兩年，晉妃位，僅僅又過了一年，慈禧被正式冊封為懿貴妃，由於當時皇貴妃的位置空缺，所以地位在慈禧之上的只有皇后一人，而此時的慈禧，還不到二十三歲。

年紀輕輕的慈禧不僅在後宮鬥爭中毫髮無損，反而一路向上，其中的原因其實並不複雜：首先，慈禧年輕貌美，很容易就引起咸豐皇帝的注意和青睞；其次，咸豐本身並不是很善於治國的皇帝，而慈禧往往能在國家大事上給他一些建議（比如推薦曾國藩[14]去平定太平天國起義[15]），這更讓咸豐賞識她的聰慧；另外，慈禧對書法有很深的造詣，經常代替咸豐批復奏摺，更加讓咸豐覺得這個女人才貌雙全。

不過，以上種種還不是慈禧成功的決定性因素，最終為慈禧奠定了之後數十年至尊地位的，是她為咸豐生了一個兒子。古代宮闈之中，每個人都知道「母憑子貴」的道理，慈禧生的這個孩子非同一般，他就是後來成為同治皇帝的愛新覺羅・載淳。

然而，令人感到蹊蹺的是，咸豐皇帝嬪妃不少，唯獨只有慈禧替他生了一個兒子，於

14 曾國藩（1811-1872），清朝後期著名政治家、軍事家，晚清四大名臣之一，曾創立湘軍並平定太平天國之亂。

15 太平天國起義，清朝咸豐元年到同治三年（1851-1864）之間，由洪秀全、楊秀清、蕭朝貴、馮雲山、韋昌輝、石達開組成的領導集團從廣西金田村率先發起的反對清朝封建統治和外國資本主義侵略的農民起義戰爭，是十九世紀中葉中國的一場大規模反清運動。

是有某些歷史資料記載，慈禧根本未曾替咸豐生下一男半女，同治皇帝其實是後宮中另外一個貴人所生，慈禧知道後立即派人將嬰兒搶奪過來，且為了讓祕密永不洩露，更將那個貴人下藥毒死，等過了一個月之後，才宣布自己生子。同治的身世雖然有所爭議，但這樣的傳聞也絕非空穴來風，也可以從中反映出當時人們對於慈禧的看法：她憑藉著自己的兇狠和冷酷，才能在如此短的時間爬上那麼高的位置。

◎不擇手段獨霸後宮，心狠手辣通往巔峰

咸豐時代的皇后是慈安[16]，另外還有一個頗受寵愛的妃子叫麗妃[17]。慈安作為皇后，在後宮中的地位自不必多說，而在剩下的嬪妃之中，唯一能與慈禧相比的，就是麗妃。首先，麗妃為咸豐生過一個女兒，比慈禧要更早，這也讓她比慈禧更早晉升妃位；其次，麗妃在外貌方面絲毫不比慈禧差，這讓她更容易贏得貪戀美色的咸豐歡心。甚至到後來還出現以下的狀況：如果宮中有什麼進貢來的奇珍異寶、美味珍饈，首先是給慈安一份，再賜給皇子載淳一份，最後還會留一份給麗妃，卻沒有慈禧的份。

事實上，無論是才幹還是修養，麗妃都無法和慈禧相比，二人在級別也是一致的，都

是貴妃，更何況慈禧生的是兒子，麗妃生的是女兒，然而，自己的待遇卻比不上麗妃，這自然讓慈禧心中不爽。女人一旦出現了嫉妒心，幾乎會成為一團無法熄滅的火焰，她可以忍受其他方面的損失，但如果有別人來和自己爭搶男人的寵愛，尤其此人在諸多方面都不如自己的時候，更是不可容忍了。

咸豐在位時，慈禧自然是不敢有任何怨言；之後，雖然自己的兒子當了皇帝，但正位的皇太后是慈安，慈禧畢竟要低一等，所以也不敢造次。等到這兩個人都死了之後，慈禧知道滿足自己復仇慾望的機會到了，而她採取的竟是整個中國歷史中十分罕有的酷刑——人彘，即將麗妃手腳砍掉，雙眼挖去，割掉舌頭，並往耳朵中灌入水銀。

以上算是由西漢呂后發明的「人彘」的標準流程，而慈禧更進一步，將成了人彘的麗妃裝入酒缸之中，僅露出流血不止的頭部。呂后做人彘固然殘忍，但人殺了也就殺了，並沒有進一步的動作，慈禧卻將麗妃這個「人彘」像盆景一樣立起來，顯然是為了更方便「觀賞」，這樣的行為彷彿是為一幅畫作進行裝裱，讓自己的作品看起來更加完美。

其實，在凌虐麗妃做人彘以前，慈禧就已經做了一件相當不簡單的事，那就是毒死慈

16 慈安（1837-1881），清孝貞顯皇后，鈕祜祿氏，滿洲鑲黃旗人。
17 麗妃（1837-1893），清莊靜皇貴妃，他他拉氏。

安。一切要從同治皇帝即位開始說起。同治皇帝六歲時，父皇咸豐駕崩，但他年紀太小，於是就由慈安和慈禧兩人共同垂簾聽政，這也成為「同治」這個年號的由來。此時慈禧雖然貴為當朝皇帝的親生母親，但事實上，除了尚無實權的同治，她沒有任何依靠，大權依然在慈安手中，對於內心已經滋生極大權力慾的慈禧來說，形勢依然很不利。

當然，若論能力和手段，慈安是略遜於慈禧的，但她手中有一道殺手鐧——咸豐皇帝下給她的遺詔，詔書裡直接道明對慈禧的顧慮：「安分守己則已，否則汝可出此詔，命廷臣傳遺命除之」，意思就是慈禧若有什麼非分之想，便可以將其解決掉。咸豐死後，慈安把這道遺詔給慈禧看了一眼，這也的確讓慈禧立刻安分下來，大部分時間都待在自己的宮殿，幾乎不出門，甚至也很少去看望兒子同治帝。

慈禧這番乖巧的表現讓慈安很滿意，慢慢相信慈禧是完全沒有野心的，而後來發生的一件事，還讓慈安對慈禧產生極大的好感。原來，有一次慈安患病，換了好幾名太醫，吃了很多藥都不見起色，於是一氣之下連藥也拒絕吃了，沒想到不多久，病卻反而痊癒了。病癒之後的慈安心情大好，到頤和園散步時偶然遇到慈禧，發現慈禧的一隻手臂上纏著白紗，意外之餘關切地詢問原因，慈禧的回答讓她大為感動，原來在她生病期間，慈禧竟然割下自己手臂上的一片肉，熬成湯給她滋補身體。

割肉熬湯這種事情，在古代不算罕見，不過都是子女對父母、臣下對君主，慈安雖貴為正位皇后，但慈禧和她好歹也在輩分上平等，能做出這樣的舉動，不得不讓慈安內心產生極大的觸動，覺得咸豐帝對於慈禧的戒心實在多慮了，在她眼中，現在的慈禧是一個有情有義、毫無野心的普通女人，於是她決定完全放下戒心，不久後便當著慈禧的面燒掉了那份遺詔。

◎圖片來源：Wikimedia Commons

▲慈安太后像。同治皇帝六歲登基，由慈安與慈禧共同垂簾聽政。

隨著那份遺詔化為灰燼，唯一能夠真正威脅慈禧的因素也跟著消失了。又過了數年，隨著慈禧權利慾望的不斷膨脹，共同垂簾聽政已經無法滿足她的野心，只要有慈安在，不管做什麼事情都礙手礙腳，慈安無疑是她通往獨裁的最後障礙。於是，在某個午後，有午睡習慣的慈安醒來以後，收到了一盒由慈禧派人送來的糕點——慈禧說是從娘家來的特產，特別拿些來給皇太后嚐嚐，慈安沒有任何懷疑就吃了下去，然而不久之後便暴斃而亡，死前沒有任何跡象，太醫欲搶救已經來不及了。

儘管史書中對這段歷史進行了種種掩飾，以至於後來有人認為慈安是心臟病發才猝死。但是，慈安貴為大清帝國的皇太后，養尊處優，無論飲食或保養都是普通人無法想像的，一生從未經歷過任何戰亂或動盪，宮中的醫療水準自然也是冠絕天下，在這樣的條件下，暴斃的可能性只有一種，就是毒殺，而背後的黑手，也只會是慈禧。

至此，正如咸豐在遺詔中所擔心的，慈禧以最狠毒的手段，清除了她所看不順眼的人，以及通往權利道路的障礙，走上了大清國權力的巔峰。

◎一個人的慾望擊垮一個國家的希望

同治皇帝很短命，六歲繼位，活到十九歲就死了，更關鍵的是，他一個兒子也沒有。在這種情況下，勢必要在皇族中選出一個人來繼承大統，而擁有選擇權的，自然只有慈禧。作為一個瘋狂迷戀權力的人，慈禧的挑選條件必須滿足以下兩條：聽話好控制，以及和自己比較親近。最後她看中了愛新覺羅・載湉，也就是後來的光緒皇帝。

光緒的生母是慈禧的胞妹，這樣的關係已經算是很親近了，而後來光緒皇帝也稱慈禧為「親爸爸」，可見對其之順從。從這時開始，慈禧成為清朝的實際統治者，說得更準確一點，是「獨裁者」。皇帝是任她擺布的傀儡，朝廷裡更沒有任何大臣敢說不，整個大清帝國都成了她的私人財產。

西元一八八七年，光緒皇帝十六歲，到了親政的年齡，雖然慈禧表面上將權力交給了光緒，但事實上，所有的政事光緒依然要聽命於她。手中握有大權，但進入晚年的慈禧想得更多的卻是如何享受榮華富貴。

十九世紀九〇年代，中國和日本之間在海軍上的競爭已經進入白熱化，日本的侵略野心亦昭然若揭，此時有大臣建議：暫緩重修頤和園[18]，將國庫的收入先用於購置新型軍艦。重修頤和園是慈禧十分看重的事情，

◎圖片來源：Wikimedia Commons

▲一八九四年甲午海戰中的北洋水師主力船艦，鎮遠鐵甲戰列艦。

因為這是喜迎她六十大壽的一個重大建設。聽到這個建議後，慈禧說出了一句讓人再不敢言的話：「誰讓我不高興一陣子，我就讓他不高興一輩子。」

於是，就因為要替慈禧過生日，清朝的海軍在十多年間沒有添置任何一艘新軍艦，最終在一八九四年的甲午海戰中慘敗於日本——然而，這一切都不影響慈禧的心情，因為這一年同樣也是她六十歲大壽，整個皇宮裡依然大肆操辦。

另外有一點不得不提，就是慈禧在後來「百日維新」[19]中的表現，幾乎可說她親手斷送了整個國家的前途。大清帝國在甲午戰爭中敗北，「蕞爾小國」日本都能欺負到自己頭上來，讓慈禧內心產生了一些震動，在下放給光緒皇帝一部分權力的同時，對於改革也算默許進行。一時「維新派」人物紛紛走入朝廷，佔據重要位置。最初，慈禧表面上的確表現出淡出政壇的姿態，長期待在頤和園，或是聽戲唱戲，或是養花種草，完全一副「退休」的態勢。

不過，當光緒和「維新派」的改革一步步深入時，朝廷中舊勢力的利益受到了不小損害，而這些保守派的首領正是慈禧。從某種意義上來說，削弱保守派的勢力，就是挑戰慈禧的權威，甚至是在一點一點挖空她的權力——這對於權力慾極強的人來說，是最不可忍受的。最後，慈禧終於發作了，她必須透過報復才能夠平息內心的怒火，也就是說，很多人的人頭要落地了。

在改革進行三個月後，京城就傳言慈禧要直接殺掉光緒皇帝，光緒也惶惶不可終日，覺得自己的大限將至。從歷史來看，欲殺光緒，慈禧絕對下得了手，她對於任何危害其權力的人都極其冷血，更何況光緒也不是她自己的兒子。

最後，迫於外國人及民眾的壓力，慈禧沒有殺光緒，但宣布改革停止，將皇帝永久軟禁起來。至於其他的革命人士，則慘遭血腥鎮壓，其中最主要的六個改革份子，在菜市口被當眾斬首，由於這一年是西元一八九八年戊戌年，這六人也被稱為「戊戌六君子」[20]。除了這六個人，其他的維新派官員下獄的下獄、流放的流放，沒有一個能逃過慈禧的手掌心。

慈禧異常兇殘的手段，讓滿朝文武對於「改革」都噤若寒蟬，光緒也徹底淪為毫無權力的空殼皇帝，對比以往任何時候，慈禧將權力握得更緊了。也就是從這時候開始，大清帝國的最後一絲希望破滅了，只能無可救藥地繼續腐朽沉淪下去。

18 頤和園為北京市古代皇家園林，前身為清漪園，坐落在北京西郊，距城區十五公里，占地約二百九十公頃

19 百日維新由康有為、梁啟超等人在一八九八年領導的政治改革，後因慈禧太后反對而終止，前後共歷時一〇三天，史稱百日維新。

20 戊戌六君子，百日維新失敗後被捕並斬首的六位維新派人士，分別是：譚嗣同、康廣仁、林旭、楊深秀、楊銳、劉光第。

另外還有件事值得一提，慈禧在晚年曾殺了一名記者，名叫沈藎。沈藎本來也是改革派人士，百日維新失敗後曾東渡日本求學，後來又悄悄潛回中國進行反清活動。一九〇三年，清政府本欲和俄國簽訂《中俄密約》——這是一個幾乎將東北拱手讓給俄國的條約，卻被沈藎透過各種管道獲知了其中的詳細條款，並寫成新聞報導，在國內掀起了軒然大波。

這件事本來就是慈禧極力迴避的，加上朝廷當時正在籌備慈禧的七十大壽，事件被踢爆，更讓她內心很不痛快，於是在其授意下，刑部將沈藎祕密逮捕，最初的判罰是「杖斃」，但沒想到獄卒打了兩百多下，沈藎仍沒死，慈禧當然不可能就此放過，於是下令直接勒斃。至此，慈禧又多了一項「第一」：中國歷史上第一個因為新聞言論而殺記者的人。

如此這般，慈禧用自己的慾望榨乾了整個國家，對於清朝已經何等的千瘡百孔她毫不關心，只要她的權力慾望能得到滿足，只要她的晚年能依舊榮華富貴，其他一切都不重要。

◎圖片來源：Wikimedia Commons

▲ 光緒皇帝變法改革失敗，終其一生鬱鬱不得志，最後仍死於慈禧毒手。

◎垂死掙扎，毒殺光緒

西元一九〇八年，和日薄西山的大清朝一樣，慈禧也到了風燭殘年的人生階段，許多身體機能明顯衰退，她也感覺得到自己時日不多，而她更清楚的是，一旦她死後，許多以前做過的事情都會遭到清算，曾經受到軟禁的光緒更不會放過她，她死後還能不能保有身為「太后」的殊榮，實在很難說。

這一年的十一月十四日，慈禧已處於彌留之際，卻有一個太監從她寢宮中端出一個蓋碗，說是「老佛爺賞給萬歲爺的塌喇」，所謂「塌喇」，即是滿語中的「乳酪」。這碗乳酪到了光緒那兒之後不久，太醫院就宣布光緒死亡，僅僅隔了一天，慈禧也結束了她極盡哀榮的一生，撒手西去。

光緒和慈禧之死只隔了僅僅一天，讓人不得不懷疑那碗乳酪有蹊蹺，因為光緒死前的身體狀況雖然不佳，但也不至於如此毫無徵兆的暴斃。此一謎團在百年之後得到了解釋，在二〇〇八年時，考古人員透過最新的科學鑑識方法，確認光緒死於砒霜中毒。一國之君，誰敢對其下如此之重的毒手？除了慈禧，別無他人。這其實也非合理，慈禧對於光緒的壓制幾乎貫穿了他終生，作為一個皇帝和一個男人，他一生中的大部分時間都鬱鬱不得志，而原因只有一個，就是慈禧。慈禧還在世時，光緒就已私下表達過不滿，等到她死後，將會怎麼對待她就不難想像了。

就這樣，即便在生命的最後一秒鐘，慈禧也不惜殺掉皇帝來捍衛自己的權力，但人皆難逃一死，她的冷血，她的殘酷，以及她的不擇手段，都無法讓她對抗死亡，最終和整個大清國一起，沉入無盡的黑暗。

江青——操弄權柄陷國於十年動亂的第一女權奸

一九一四年，中國最後一個封建王朝已經被埋葬，但整個國家依然處在一片戰亂之中，老百姓都過著朝不保夕的日子，沒有人知道這樣的亂世何時才能結束。就在這一年，山東諸城一個李姓木匠家添了一名女嬰，這在那時並不算什麼喜事，女兒早晚都要嫁人，養了也是幫別人家養著。但是，沒人會想到這個女嬰之後會嫁給中國歷史上的一個大人物，而且更令人難以料到的是，她差點就成了中國歷史上的又一個「女皇」。

她，就是江青。

江青最初名叫「李雲鶴」，一個稍微有些男孩氣的名字，而她小時候的性格也不像女孩，十分不服輸又倔強，上小學時就因為和老師發生衝突而被退學。父親去世後，李雲鶴被母親帶到天津，直到她十五歲時，才又和母親回到山東，並進入當時的山東省立實驗劇院，學了一年的戲劇，由此開始長達近十年的演藝生涯。

不得不說，在李雲鶴還很年輕的時候，就已經展現出同齡者少有的精明，很懂得抓住每一個有助她往上爬的機會。早期的兩段婚姻都讓她躍升到更高的社會位置，使她得以先後去到青島和上海，而在此期間，和一些名流的緋聞逸事，更是讓她左右逢源，成為彼時上海灘頗有名氣的電影明星。

和許多熱血青年一樣，李雲鶴年輕時也受到左翼文藝陣線極大的影響，「進步」成為一個時髦的標籤，在她身上也充分體現——她在此期間祕密加入了中共。

十里洋場的舒適生活並沒能持續太久，一九三七年日本侵華，很快佔領了上海，身無一技之長的李雲鶴光只懂得演戲，想來不可能繼續待在上海了。然而，這時有個特別的地方卻給她這樣的青年提供了好去處，那就是彼時革命青年們的聖地延安。也正是在決定赴延安之前，李雲鶴將自己的名字改為江青。

◎圖片來源：Wikimedia Commons

▲上海時期擔任演員的江青，時藝名藍萍（1934）。

◎名副其實的第三者

一九三七年八月，江青抵達延安，次年四月，共產黨成立了魯迅藝術學院[21]，具有表演經驗的江青成為學院中戲劇系的指導員，並參與了多部戲劇的演出，毛澤東來看過好幾部，得到他極大的讚許。作為共產黨的實際最高領袖，毛澤東的認可自然對江青有著不小影響，使得她在魯迅藝術學院的地位有了顯著地提高，也讓她萌生了更大的野心。

一次在聽完毛澤東的演講之後，江青主動送上一張自己的照片，並有了第一次和毛澤東面對面說話的機會。事實證明，江青的行動是有效的，那張照片被毛澤東夾在筆記本裡很長一段時間，而且不久之後，江青就被調去當毛澤東的祕書。

歷史總是充滿巧合，就在江青初抵延安之際，毛澤東的上一任夫人賀子珍[22]剛好動身去蘇聯療養——所謂的「療養」，其實是因為毛、賀二人的感情已破裂，但又不便完全公開的一種權宜之計。雖然從程序上來說，毛澤東依然沒有離婚，但事實上他已單身。歷史就這樣給了江青一個機會，不甘平凡的江青自然也不會放過。

江青以毛澤東祕書的身分頻繁出入領袖身邊之後，毛澤東也彷彿重新煥發光采，在生活和工作上都被江青照顧得井井有條。另外，對於賀子珍，江青也顯得十分懂事，她從來不說賀子珍的壞話，只是不斷表達對毛澤東坎坷情路的同情。以上這些都讓毛澤東對江青另眼相看，再加上江青本身也年輕漂亮，兩人後來的結合可說是水到渠成。

但是，賀子珍畢竟是和毛澤東一起走過長征，在槍林彈雨中生死與共，現在卻被一個來自上海的「戲子」輕易插足，這讓所有共產黨的高層十分不滿，他們集體向毛澤東施壓，希望他顧及輿論影響，不要和江青結婚。同時，這些共產黨大老們也對江青軟硬兼施，甚至還發出種種威脅，可是江青都承受了下來——支持她的自然不是什麼愛情，而是不斷膨脹的野心，這種野心甚至讓共黨的大老們有種「狼來了」的

◎圖片來源：Wikimedia Commons

▲一九三八年，江青與毛澤東於延安成婚，成為第四任毛夫人。

21 魯迅藝術學院，中國共產黨在一九三八年建立於延安的一所綜合性藝術學校，

22 賀子珍（1909-1984），毛澤東第三任妻子，與毛澤東生有一女。

感覺，以至於懷疑她是國民黨派來的高級間諜。

一九三八年秋天，毛澤東再次收到一封集體署名的信函，內容自然是勸阻他不要和江青結婚，這讓毛澤東惱怒不已，直接撕掉信，說：「老子明天就結婚，誰能管得了我！」然後第二天擺了兩桌酒席，就算是和江青結婚了。

有了毛澤東撐腰，江青也開始變得有恃無恐，對待共產黨其他高層領導的態度也變得很隨意，對待某些級別低一點的幹部，就像對待傭人一樣呼來喚去，而這樣的情況，在之後的數十年將變得愈來愈不加掩飾。

◎心狠手辣的「毛夫人」

從和毛澤東結婚，到一九四九年中共建政，中間十年，整個中國都處於戰亂之中，江青即便有野心，但也暫時沒有施展的空間。然而，一九四九年之後，中國成了毛澤東一個人的天下，江青這位第一夫人自然也就成了「皇后」，正是從這時候開始，江青一步步朝著自己的目標邁進，而倒在她腳下的敵人也愈來愈多。

同樣身為「第三者」，江青眼中最容不下的，自然是毛澤東身邊的其他女人，其中有一個人顯得異常刺眼，就是周恩來的乾女兒，名叫孫維世[23]。孫維世比江青年輕八歲，同樣是學戲劇出身，同樣是在抗日戰爭爆發後前往延安，也參演了許多共產黨的官方戲劇，簡直就是江青當年軌跡的翻版。更重要的是，孫維世擁有更加突出的才華，她曾經到莫斯科留學，一九四九年毛澤東訪問蘇聯時，她甚至全程陪伴左右，成為毛澤東的貼身祕書——這不就是江青當年成為「毛夫人」的老路子嗎？

女人最擔心的就是衰老，而孫維世的年輕無疑是她最大的優勢，毛澤東訪蘇回來後，也的確對孫維世青睞有加，但過沒多久，孫維世就和當時的一位導演相戀並結婚了。這本應該讓江青放下心來，但她並不這麼想，即使孫維世自己沒有接近毛澤東的想法，但難保毛澤東不會主動出擊，身為「最高領袖」，他想要哪個女人難道還到不了手？當初他怎麼對待賀子珍，將來必然就怎麼對待她江青，所以，唯一能讓江青完全安心的，就是一個死掉的孫維世，而江青在等的，不過是在等一個合適的下手機會。

這個機會直到十多年後才到來，那就是一九六六年開始的「文化大革命」[24]。此時的

23 孫維世（1921-1968），導演、演員、翻譯，曾任中國青年藝術劇院副院長。

24 文化大革命，全稱「無產階級文化大革命」。指一九六六年五月至一九七六年十月在中國由毛澤東發動和領導、被林彪和江青兩個反革命集團利用、為中國帶來嚴重災難的政治運動。

中國已完全陷入沒有法制的混亂狀態，身為「第一夫人」，想除掉一個人更是易如反掌。然而，時隔十多年仍未消除對孫維世的戒心和仇恨，可見江青的內心何等陰暗。

事情開始於一九六七年，江青聲稱人民大學副校長，也就是孫維世的哥哥孫泱是敵對勢力的特務、蘇修[25]份子，將其祕密抓捕並致其慘死。

◎圖片來源：Wikimedia Commons

▲孫維世因年輕貌美而遭江青妒忌，於文革時期被羅織罪名，遭虐毀容，慘死獄中。

孫維世得知情況後開始向上級反映，寫信給周恩來，同時也寫信給江青——這簡直就是江青求之不得的機會，孫維世為哥哥辯護的信件，最後成為她私通外國、叛黨求榮的證據。於是，在江青的授意下，一群軍人衝進孫家，在沒有進行任何說明的情況下抓走了孫維世，但她既沒有被關進監獄，也沒有去到軍隊，而是被關押在北京公安局的一個祕密看守所。

抓走孫維世的軍人曾請示過江青該怎麼處理，江青回答的大意是：像這樣的蘇修份子，如果以後全國到處都是，那中國豈不是就要變天了，多一個這樣的人，國家就多一分危險。說完後便無其他言語，只是意味深長地笑著。堂堂毛夫人，自然不會隨意說出「死」或「殺」這樣的字眼，但是其他人都明白這些話背後傳達了什麼意思。

就這樣，一九六八年，北京公安局的一棟小黑屋裡，孫維世被戴上手銬和腳鐐，先是遭到毫無緣由的毒打，接著是無窮無盡的審問——當然，這樣的審問是不會有任何結果的，因為孫維世根本就不是什麼「特務」，而審問她的人想要的也不是什麼「情報」，他們要的就是孫維世「死」。在整個關押過程中，由於得到了江青的默許，拷打變得異常恐怖。

最後，經歷了超過半年的關押和折磨後，孫維世被活活打死，更加令人髮指的是，她死前還被人在頭顱上釘進了一根長釘，以往美麗的面容變得面目全非。直到死時，孫維世的雙手雙腳都被鐵鏈鎖住，而且已經在手腕和腳腕上磨出了深深的血痕。

江青要的是讓孫維世完全消失，所以即便在她死後，在江青的指示下也沒能留下骨灰。當孫家人得知孫維世死訊，想要回骨灰時，得到的答覆卻是：「反革命份子的骨灰是不能留在這個世上的」。或許孫維世至死都不明白自己到底犯了怎樣的罪，竟落到如此下

25 蘇修，蘇聯修正主義的簡稱，又稱社會帝國主義。

場，連死後都會被「挫骨揚灰」。其實，她的錯就是自己太有才華，長得太好看，最重要的是，她被「第一夫人」江青認定為情敵。

前文曾提到，孫維世曾分別向周恩來和江青寫信為哥哥辯護，而孫維世是周恩來的乾女兒。江青在拿到信後曾前去找周恩來，氣勢洶洶地指責他縱容乾女兒破壞「文化大革命」，甚至還打了周恩來一耳光。

如果在古代，周恩來絕對算是「宰相」級的人物，江青則是「皇后」，然而，即便在最不民主的朝代，也會規定後宮不得干預政事，但一個「皇后」卻可以毫無顧忌地搧「宰相」一記耳光，這在整個中國歷史也極其罕見，更何況還是出現在所謂「民主的新中國」。可見在一九六〇年代末，江青早已蛻變為十足的狠角色，她不僅能毫無顧忌地除掉自己的眼中釘，也可以肆意地羞辱國家領導乾部。

「情敵」肯定逃不過江青的迫害，那其他人呢？其實也不會好到哪兒去，即使連毛澤東的乾女兒也難逃毒手。有一年，一個叫李靜的女孩突然被毛澤東調到身邊，說是自己的女兒，江青詢問後才知道是乾女兒。原來，李靜的父母在抗戰期間犧牲，她成為孤兒後，有一次被毛澤東接見，毛澤東曾經化名李德勝，所以也讓自己的女兒都姓李，從小失去雙親的李靜，悲慘的經歷讓毛澤東對她更加關心，並直接認她做乾女兒。

在江青眼中，任何和毛澤東沒有血緣關係的女人都是威脅，愈是有才華、漂亮，就愈是危險，這個李靜就是如此。她不僅聰明伶俐、善解人意，而且還寫得一手極好的書法，模仿起毛澤東的筆跡都可以以假亂真。所有李靜的優點在江青眼中都是不可容忍的，她必須找一個理由來除掉這個「乾女兒」。

由於李靜很年輕，本身的經歷也很單純，所以很難從她的政治立場方面來攻擊，再加上她一直嚴以律己，個人生活方面也沒有可挑剔之處。但這些統統都難不倒老謀深算的江青，她很快就有了一個極其惡毒的藉口：李靜的父母根本不是烈士，李靜小時候的經歷全都是編造的，她混入黨內另有目的，接近毛主席更是有不可告人的陰謀。

在那個「全民革命」的年代，這樣的誣告有著極強的殺傷力。在江青的授意下，公安局很快逮捕了李靜，罪名是「妄圖破壞革命的敵特份子」。當然，所謂的審問及調查都是掩飾，慘無人道的毒打、折磨才是真正意圖，無論李靜說什麼，都會被認為沒有完全坦白——這樣做的目的只有一個：讓李靜永遠無法再活著出現毛澤東面前。

不過，李靜的命比江青想像的要硬，她挺過了最初的折磨，並堅持到毛澤東得知此事，最後在毛澤東的親自干預下，李靜才擺脫了「敵方間諜」的帽子，活著走出了監獄。李靜也許永遠都想不通，自己到底是犯了什麼罪，竟遭受那樣慘無人道的對待。但自從出獄以後，李靜和毛澤東見面的機會大大減少了，不久後就被調離北京，江青見威脅已遠離，才就此作罷。

事實上，一九四九年之後，受到江青迫害的女人遠不止孫維世、李靜，她們只不過是和毛澤東有過較親密接觸的兩位，其他被江青盯上並迫害的女人，都有一個共同的特點：和毛澤東走得比較近。這位「毛夫人」將毛澤東看作私人財產一般，一旦有任何女人想接近他，彷彿都會要了江青的命，雖然這全都是她自己的猜想，但她卻實實在在地對那些假想敵們痛下毒手。

◎冷血迫害狂

隨著「文化大革命」開展，江青十分詭異地得到了毛澤東的默許，大步踏進了中共的政治生活，甚至還成為「文革領導小組」的成員——這個小組在「文革期間」取代了各級政府，成為實質上的政治領導機構，也就是說，這時期的江青已公然以政治人物的身分露面。

江青有「毛夫人」的身分撐腰，很多時候都飛揚跋扈、無所顧忌，她唯一忌憚的是三〇年代在上海時期的朋友。身為曾經在上海小有名氣的電影明星，那時期的江青私生活比較混亂，不僅結了不止一次婚，還和不少男人有過情史——這顯然會影響江青「革命領袖」的光輝形象。不巧的是，江青在上海時又是典型的交際花，各式各樣的朋友眾多，而電影圈內的朋友對她那些風流史更是一清二楚。

知道她底細的上海時期朋友，讓江青感覺如芒刺在背，她一直都在尋找機會打算「處理」一下，「文革」時獲得的巨大權力，讓她明白機會來了。三〇年代的上海電影圈，江青和導演鄭君里[26]關係特別好，當時江青梅開二度，婚禮就是由鄭君里主持，而鄭君里結婚時，江青則是唯一受邀的伴娘。然而，一九四九年之後，這樣的密切情誼開始有了變化，江青先是派人找鄭君里談話，大意是提醒他說話要注意分寸，敏感的鄭君里識趣地交出了一些江青在延安時寫的信件，以及一些她的照片，並且對於江青在上海的過往噤若寒蟬。

鄭君里本以為自己已經做了自己該做的，卻沒想到江青仍然不放心這位「老朋友」。「文革」剛開始沒多久，鄭君里的家就被莫名其妙查抄，而來抄家的人重點全都放在他寫

26 鄭君里（1911-1969），著名導演，代表作有《一江春水向東流》、《烏鴉與麻雀》等。

的日記、回憶錄，以及各種信件上。這樣的抄家每隔一段時間就會來一次，將鄭君里的家搞得雞犬不寧。後來解密的檔案顯示，從上海鄭君里家中抄出的東西，全都被送往北京，由江青親自燒毀。

按理說，即使真有什麼不光采的歷史，證據也早已被毀得一乾二淨了，江青這下子應該放心了，但她沒有。「文革」是一場殘酷的政治鬥爭，如果被對手抓住什麼把柄，將對她十分不利，要是像鄭君里這樣的人能徹底消失，那才真的能完全放心。於是，在江青的授意下，鄭君里很快被打成「特務、叛徒、歷史反革命[27]」，一個在電影中宣揚資產階級思想的「黑份子」。接下來就是長時間的關押、殘酷的拷打、沒有盡頭的審問，從精神和肉體兩個方面徹底折磨鄭君里。同時，鄭君里每天還必須參加勞動超過十小時，這對一個已經接近六十歲的人而言，是極其殘忍的。

被關押了兩年之後，鄭君里最後檢驗出罹患了肝癌，但此時沒有江青的允許，有誰敢替他治病？而不用親自動手就能讓鄭君里從這個世界上消失，正是江青求之不得的。一九六九年四月，鄭君里終因肝癌不治而在獄中去世，而他至死都不知道，把他推向這等悲慘境地的，就是曾經的「親密朋友」江青。

事實上，江青在握有權力之後，「修理」了許多三〇年代的上海電影人，只不過很少有人像鄭君里這樣慘死獄中，但也幾乎都落得妻離子散的下場。至此，江青在上海的過往迅速成為了一個禁忌的話題，任何提及隻言片語的人，都可能招來殺身之禍。

◎為達目的恩將仇報

一九六七年，人在北京的江青突然得到一個消息，上海有紅衛兵[28]找到了一個叫做秦桂珍的退休老人，並進行了一些接觸和詢問。這讓江青坐立難安，立刻命令上海方面火速將秦桂珍押解到北京來，然後派人跟這個老人「聊聊天」，似乎也沒有聊出什麼特別情況。但奇怪的是，沒有犯任何罪的秦桂珍，不久之後不僅沒有被放回上海，反而被關進了北京郊區的監獄。

原來，一九三〇年代，江青初到上海時頗為落魄，租了一個資本家的小閣樓暫住，吃了上頓沒下頓，而這個秦桂珍正是這個資本家家中的傭人。見江青可憐，秦桂珍總是悄悄

27 歷史反革命，指解放以前鎮壓革命或者破壞革命事業。

28 紅衛兵，在文化大革命（1966-1976）期間，中國群眾受到當局鼓動，自發組織起來的群體，其目的主要為保衛中共黨中央不被所謂「資本主義投機者」取代。

將家裡剩下吃不完的東西給她，平時買菜時也常常塞給她一些食物，對江青頗為照顧。江青對於秦桂珍起初異常感激，時常說「自己不知道要怎麼報答」才好，甚至在到了延安後，都還給秦桂珍寫過信，寄過照片。

斗轉星移，已居高位的江青自然是不會想起這位恩人秦桂珍，但當這個名字出現時，她還是吃了一驚，因為秦桂珍曾親眼目睹過許多她和男人往來，而這些問題正是江青最避諱和擔心的，於是也就有了派人審問秦桂珍的一幕。儘管最後沒有問出什麼實質性的資訊，但江青依然坐立不安，認定秦桂珍是顆不定時炸彈，只有扔進監獄才能老實。

◎圖片來源：Placeclichy75017, Wikimedia Commons

▲文革時期許多無辜者慘遭紅衛兵鬥爭抹黑者，下場悲涼。

被收監之後，秦桂珍得到了「特務」、「反革命」等莫須有的罪名，先是被剃光了頭髮，接著被不斷拳打腳踢，而且還在晚上被用燈泡直射眼睛讓她不能睡覺。這樣的折磨持續了數年，直到「文革」結束後，秦桂珍才被釋放，她當時已經雙腿浮腫，不能走路，也不能說話，奄奄一息。而她之所以能活下來，並非出自江青的仁慈，完全是出於她自己強烈的求生本能。

◎「女皇」落幕

一九七六年，毛澤東逝世以後，各路人馬開始摩拳擦掌，爭奪最高權力，江青憑藉著毛澤東遺孀的身分，聲勢達到巔峰，幾乎就要實現她成為「第二個武則天」的願望了。但這個「女皇」在之前數十年中不擇手段地迫害無辜之人，讓很大一部分人慘死於牢獄的同時，也讓無數的家庭支離破碎，人心早已不在她這一邊，權力鬥爭失敗的結果似乎早已注定。

◎圖片來源：Wikimedia Commons

▲江青憑恃著毛夫人的身分進入文革領導小組的最高權力中心，濫殺無辜，無所顧忌。

毛澤東活著的時候沒人敢動江青，但毛澤東死後，早已坐不住的共產黨軍中大老葉劍英[29]站了出來，順應民心逮捕了江青，並將其送交法庭。江青最後得到的判決是終身監禁，在監獄中的她早已不再有「毛夫人」的地位，連普通的工作人員都對她冷眼相向，可以說是瞬間從天堂跌落地獄。

起初，江青還殘存著希望，認為自己只是暫時失勢，隨著局勢的變化，她還可以東山再起。但後來她逐漸意識到，世界的變化之快，遠超乎自己想像，「女皇夢」早已不可能實現。夢想已然破滅，一九九一年，她在獄中上吊，結束了自己的生命。

驪姬——惑亂晉獻公謀譖太子的惡毒繼母

在西元八世紀到西元前三世紀的五百年間，中國處於歷史上最為混亂的「春秋戰國」時期[30]，原因是中央政府周朝宗室勢力衰微，諸侯力量迅速崛起，形成了大大小小上百個諸侯國。

在那個時期，也出現了很多「公」，也即是諸侯國的君主，但由於「公」的數量實在太多，讓人記住的實際上少之又少。例如，你對「晉獻公」[31]這個人有怎樣的概念？可能大部分人都會回答「不知道」，但如果說起「唇亡齒寒」這個成語，又幾乎無人不知，其實「唇亡齒寒」就是在講晉獻公的事情，他假意想借道虞國[32]攻打虢國[33]，虞國有臣子勸國君不要答應，因為虞虢兩國就像唇齒相依，虢國若亡就像嘴唇消失，作為「牙齒」的虞

29 葉劍英（1897-1986），中國廣東梅縣人，政治家、軍事家，中國人民解放軍的締造者。
30 春秋戰國，指中國古代特定歷史時期，為西元前七七〇年至西元前二二一年，這段時期內周朝王室衰微，各地諸侯蜂擁而起相互混戰，《春秋》和《戰國策》二書分別記錄了這段時期歷史，後世也以將這段時期命名為「春秋戰國」。
31 晉獻公（西元前？～前六五一）姬姓，名詭諸，春秋戰國時期的晉國君主，在位二十六年。
32 虞國，春秋戰國時期諸侯國之一，領地位於現中國山西南部。
33 虢國，春秋戰國時期諸侯國之一，領地位於現中國河南西部。

國也會立刻體會到滅亡的陣陣寒意。

在真實的歷史中，虞國國君經不起晉獻公各種送城池、奉錢財的誘惑，將道路借給了晉國軍隊。結果，在打下了虢國後，晉獻公馬上就背信棄義，以迅雷不及掩耳之勢回頭就滅掉了虞國，晉獻公的狡詐和兇狠可見一斑。這樣一個狠角色，他身邊的女人也同樣不遑多讓，甚至把整個晉國搞到幾乎分裂的地步，她就是驪姬。

◎步步緊逼害死太子

驪姬出身於一個小國，祖國被晉國打敗吞併之後，她被晉獻公擄回晉國成為寵妃。驪姬身上似乎並沒有表現出什麼亡國的傷痛，她在晉國過得極其愉快，依靠著美貌和一定的手段，可說是把晉獻公迷得神魂顛倒，甚至漸漸地，在有些國家大事上晉獻公都會問驪姬的意見——這讓驪姬有了更多的想法，她開始意識到自己的力量可能遠比原本以為的更大。

在古代，一個君王可以對某個女人無限寵愛，但有些規矩卻很難逾越，其中就有儲君必須立嫡長子這一條。此時的驪姬雖然已經替晉獻公生了一個兒子，名叫奚齊，但在晉獻公的兒子中，他的排名有些偏後，在奚齊之前分別還有申生、重耳和夷吾三人，他們都由晉獻公已逝世的原配夫人所生，其中申生已被立為太子，所以也就成了驪姬眼中的頭號敵人。

起初，驪姬只是給晉獻公吹吹「枕邊風」，說：「我聽說申生很善於收買人心，現在正在私下和很多人接觸，想要祕密將您廢掉，好取而代之。」晉獻公這時候倒還算清醒，說道：「我聽很多人都說申生愛百姓，他連普通的百姓都那麼愛惜，又怎麼會害自己的父親？」當晉獻公說完這些話之後，驪姬有些失望，她明白自己這樣輕描淡寫的誣陷沒什麼分量，光靠說話沒用，驪姬決定採取一些更實際的行動。

沒多久，一個機會出現在驪姬面前，申生那時剛好從外地回到晉國國都，為晉獻公帶回一塊很珍惜的鹿肉，得知這個消息後，驪姬立刻在這塊肉上動了手腳，悄悄命人在肉上抹了毒藥，接著立即派人向晉獻公報告這件事，還煽風點火地說申生這次回來的目的就是想提前登基。驪姬的計畫的確起了作用，晉獻公對申生十分生氣，申生費了很大的力氣，幾乎都快要以死來證明清白，才讓自己的父親相信自己根本沒有弒父之心，不過從此以後，晉獻公開始疏遠申生。本來這對驪姬來說算是很大的進展，但此一結果還完全沒有滿足她的胃口，她對於申生的願望就一個字：死。

看到申生依然以太子的身分活著，驪姬決定發起最後的致命一擊，這個狠毒的女人當然不可能自己親自下手，她也早已想好了計謀。首先，驪姬勸晉獻公將申生從外地召回，申生回來之後自然先去拜見父親，然後又去見了驪姬，驪姬宴請申生，兩人相談甚歡，第二天申生再次回宮向驪姬謝禮，驪姬再次請申生吃飯；在完成了和申生的這兩次見面之後，驪姬立刻跑到晉獻公面前哭訴，說申生調戲她，而且還說出「我父親已經老了」這樣的話。晉獻公起初不太相信太子會如此放肆，驪姬便提議，第二天一起到皇室的動物園遊玩，請晉獻公親自觀察。

第二天，驪姬邀請申生到郊區的皇家動物園，出發之前她做了一個不太引人注意的準備：在頭髮上抹了一些蜂蜜。到了郊外，自然有蜜蜂不斷繞著驪姬的頭髮飛，這時她就向一旁的申生求助，希望他幫忙趕走蜜蜂，善良的申生當然不會拒絕，於是揮起衣袖在驪姬的頭上舞動。在遠處的觀景臺上，晉獻公眼裡看到的，是太子不斷和自己的寵妃有各種「親密動作」，而且驪姬還表現出怎麼躲也躲不開的樣子。

這一次，由於是自己親眼所見，晉獻公不再懷疑驪姬所說的話，對申生的怨恨也已達到頂點，他立刻將申生趕回自己的封地，接著開始收集各種他欲謀反的證據，準備將太子廢掉。這些消息傳到申生耳中，他明白父親早已對自己產生成見，經過這一次之後，自己的冤屈更不可能洗清了，於是在萬般無奈之下，選擇上吊自殺。

◎不放過任何對手

太子申生死了，那麼該由誰來當下一任太子呢？晉獻公暫時還沒心情考慮這個問題，但是驪姬心裡卻比誰都明白，死掉一個申生遠遠不夠，重耳和夷吾都比她的兒子更有資格當太子，所以驪姬也開始把注意力放到了這兩個人身上，攻擊的方法依然是她最拿手的：惡毒的讒言。

那時的重耳和夷吾都有自己的封地，也很受當地人民的擁戴，驪姬便開始向晉獻公進讒：「重耳和夷吾看到哥哥死後，都對您有很大的怨言，準備起兵來反對您。」這一次連驪姬自己都沒有想到，晉獻公不再產生任何疑問，對於自己權力的保護慾讓他很快就做出了決定，出兵討伐自己的兩個兒子。

重耳和夷吾根本就沒有謀反之心，也不可能做任何謀反的準備，當然抵抗不了任何晉獻公的討伐，他們的選擇只有一個，就是逃亡國外，先把命保住，以後再尋機會向自己的父親解釋清楚，他們可不願意像自己的哥哥那樣，背負著巨大的冤情死去。

重耳和夷吾逃走之後，驪姬總算達成了自己的心願，晉獻公將奚齊立為太子，這意味著驪姬就是將來的太后，整個晉國都會是自己兒子的，她更是可以隨心所欲了。然而，這時期的晉國卻陷入了一場危難之中，由於晉獻公的兒子死的死、逃的逃，而且還帶走了不少賢能之士，再加上晉國的老百姓對於國君的做法也頗有怨言，使得整個國家的國力明顯衰退。處在晉國周圍的秦國、齊國見到這番局面，躍躍欲試，想從晉國的動亂中獲利，一時間晉國的形勢風雨飄搖。

事實上，不管是太子申生，還是重耳和夷吾，都是極有才能和品德的人，有他們在，誰也不敢小瞧晉國，然而，驪姬為了個人的私慾，進行惡毒的挑撥和誣陷，最終讓晉國一步步衰落，在歷史上留下了一個「驪姬亂晉」的惡名，她也因此而位列中國歷史上的四大「妖姬」之一。

◎死無全屍的悲慘結局

晉獻公死後，驪姬的兒子奚齊的確順利繼位，但是一個月不到，在晉獻公的葬禮上，一個叫里克[34]的大臣便悄悄派人刺殺了奚齊。里克原是太子申生的堅定支持者，早年就和晉獻公南征北戰，立下赫赫戰功，他心裡完全明白申生的死是怎麼一回事，只是當晉獻公還活著時他不便發作，現在晉獻公已死，他自然要替太子報仇，並且在殺死奚齊後立即向全國公布驪姬當年的罪行。此時的驪姬自知已無活命的可能，只求可以自殺留個全屍，但里克乃晉國老臣，眼見國家被一個女人禍害而衰敗，心中憤怒已無法遏制，最終不僅殺掉了驪姬，還將其屍首剁成肉醬。

34 里克（西元前？～前六五〇年），嬴姓，里氏，名克。春秋戰國前期晉國卿大夫，晉獻公的股肱之臣，太子申生的堅決擁護者，能征善戰的統帥。

趙飛燕——霸凌後宮啄害皇孫的無德妖后

◎受到命運青睞的人

西元前四十五年，有個女嬰出生在漢朝首都長安[35]，但家中實在是太過貧窮，於是女嬰的父親最決定將她遺棄。沒想到過了三天之後，父親再去查看時，卻發現孩子還活著，這讓他覺得這似乎是上天的某種旨意，於是又將其抱回養大。他這一抱，其實是抱回了後來的漢朝皇后趙飛燕。

度過了艱難的幼年時期後，趙飛燕被送到陽阿公主門下學習歌舞，而這位陽阿公主是當時的皇帝漢成帝[36]的姊姊。按照一般的人生軌跡，像趙飛燕這樣出身貧寒的女子，一輩子所能做的事就是在貴族家裡跳舞唱歌供人取樂，年老之前若能嫁個好人家，那就算是很有福氣了。

不過，命運這東西，幾千年來都沒被人琢磨透徹，當它向著你時，人生走向巔峰真的只需要短短幾天，甚至在趙飛燕身上只用了幾個時辰而已。

一日，漢成帝微服出訪來到陽阿公主家，此時的他已年過三十，但卻沒有一個存活下來的皇子，陽阿公主便叫出家中所有的歌舞姬安排表演，讓弟弟排遣一下鬱悶的心情。當趙飛燕出場時，漢成帝的眼神幾乎就不再移動了——這是一個他以前從未見過的美豔女人，而且身姿曼妙、舞技出眾，他不禁後悔自己為什麼沒早點來陽阿公主家，當即決定將趙飛燕召入宮中。

◎用美貌扳倒皇后

起初，當趙飛燕入宮成為漢成帝的寵妃時，她其實並未意識到這除了意味著榮華富貴之外，還有將來更高的權力野心，只覺得自己能成為和皇帝如此親近的人，已經算是天大的幸運，根本不敢有更多的想法。而趙飛燕的父親，也一直囑咐自己的女兒在宮中要處處小心，能保自身平安就可以了。

事實上，宮廷中的事情遠不是平民們想像的那麼簡單，一旦進入宮闈之中，一切就由不得自己控制了。幸運的是，漢成帝是「無法自拔」地喜歡著趙飛燕，幾乎每日都和她廝

35 長安即今中國陝西省首府西安市。

36 漢成帝，原名劉驁（西元前五一～前七年），西元前三十三年至西元前七年在位。

守在一起，連朝政大事都有些懈怠。見到這樣的情景，趙飛燕似乎漸漸開始明白了，自身美貌所擁有的力量遠超過自己的想像。於是，她初萌野心，覬覦起皇后的寶座。

知道自己的優勢後，趙飛燕立刻變得狠辣起來，但她並沒有莽撞地進攻，而是耐心等待她的獵物犯錯。沒多久，機會真的來臨了。

◎圖片來源：Wikimedia Commons

▲《百美新詠圖傳》中的趙飛燕畫像，身輕如燕，風姿綽約。

當時的許皇后[37]因為趙飛燕得寵，已經被漢成帝冷落許久，加上自己未曾給漢成帝生下任何子嗣，其後宮之主的地位正岌岌可危。所謂病急亂投醫，許皇后和她的姊姊竟開始在宮中施行起巫術，悄悄做蠱[38]詛咒後宮懷孕的女子。

既然獵物自己開始有了動靜，趙飛燕自然也不會客氣。她立刻向漢成帝告發，同時，為避免漢成帝猶豫，未能下令徹查，轉而又向太后王政君[39]說了這件事，這樣一來，可謂是將許皇后一劍封喉了。果然，最後下命令徹查的正是太后，許皇后很快就被削去所有封號，永遠打入冷宮，直至後來被迫自殺。

宮裡可以沒有許皇后，但是皇后之位可不能空著，彼時宮裡所有人都明白，這個位置早已非趙飛燕莫屬。但這時太后卻表示反對意見，原因是趙飛燕出身卑微，然而，漢成帝立刻想出了辦法：迅速將趙飛燕的父親封為成陽候。解決了家世問題後，趙飛燕順利登上了皇后之位。

◎在後宮一手遮天

女人都會有年老色衰的那一天，絕色如趙飛燕也不可避免，但她卻可以延緩那一天的到來，方法就是使用一種叫「息肌丸」的東西。將息肌丸放在肚臍處，不僅可以讓人皮膚變得白皙緊致，還能讓人的身體發出一種特別的香氣。但這種藥丸有一個致命的缺點：長期使用之後有極大的副作用——不能生育。而等到趙飛燕發現這一點的時候，為時已晚。

不能生下漢成帝的孩子，這件事起初讓趙飛燕很恐慌，但她又很快冷靜下來，既然自

37 許皇后，許氏（？～西元前八年），昌邑（今屬山東巨野）人，漢成帝第一任皇后。
38 蠱是指由特殊方法培育而成的毒蟲，能使人中毒或陷入神智混亂狀態。
39 王政君（西元前七一年～西元十三年），漢成帝生母，魏郡元城（今河北大名縣東）人。

己不能生，那就讓其他人都不能生，自己的地位也就不會受到威脅了，只要憑藉自身的美貌，照樣可以穩坐皇后之位。

從那以後，趙飛燕的目光開始緊緊盯著後宮的每一個女人，第一個受害的是一名姓曹的宮女。某次，在漢成帝「臨幸」[40]了曹姓宮女之後，她竟然懷孕生下了一個男孩，也是漢成帝的長子，雖然只是庶出，但如果漢成帝日後再無子嗣，那他無疑就是太子的不二人選。這對於極力要保住自己地位的趙飛燕來說相當不利，該怎麼辦？難道就只能坐等這男孩長大？當然不可能，在趙飛燕看來，只有死人才能讓她感到安全。於是，沒有半點猶豫，趙飛燕派人祕密處決了這對母子。

經過這次事件後，趙飛燕很自責——她自責殺人？當然不可能，她自責的是自己如此不小心，竟然讓其他女人把孩子都生出來了才發現。這次曹姓宮女生子，若不是自己反應速度夠快，等到孩子受到漢成帝的庇護之時，後果不堪設想。從此以後，趙飛燕下定決心要更「小心」一點。

趙飛燕開始關注每一個和漢成帝接觸過的女人，她管不了漢成帝要臨幸誰，但等到漢成帝不在時，後宮卻是她的地盤。只要被漢成帝臨幸後懷孕的人，都會被趙飛燕強制墮胎，用盡各種手段，賜藥使其流產已經算是一種恩賜，若是稍有不從，就乾脆直接拳打腳踢，而擊打的重點自然是肚子裡的孩子。有時候也會遇到更強硬的抵抗，趙飛燕就會下令直接勒死，然後將屍首扔至荒野。

就這樣，趙飛燕為后九年期間，漢成帝從三十歲到了四十歲，依然沒有添上半個子嗣，而這九年間因趙飛燕而胎死腹中的皇子，據說有十數個之多。

對於以上種種，身為皇帝的漢成帝難道不知道嗎？答案是否定的。當時連民間都流傳著「燕飛來，啄皇孫」的歌謠，漢成帝又怎會一點風聲都沒有聽到？其實他對趙飛燕的所作所為清楚得很，只是實在是沉迷於她的美貌無法自拔，便默許了她這種行為，這也是趙飛燕在後宮能一手遮天的主要原因。甚至，有一次漢成帝聽說趙飛燕又逼迫一個宮女流產，有人暗示他是否要採取行動時，他卻只是一直嘆氣神傷，但始終沒有想過要阻止趙飛燕。

◎圖片來源：Wikimedia Commons

▲《女史箴圖》，左為漢成帝繪像。

40 臨幸，指皇帝與嬪妃同宿。

◎自殺身亡

像趙飛燕這樣狠毒異常，又把全部賭注押在漢成帝身上的人，自然不會有什麼好結果。等到漢成帝一死，立刻就有大臣上疏要求治她危亂後宮之罪，但因為漢成帝死後一個孩子都沒有，不得不由其姪子劉欣[41]繼位，而劉欣又曾經得到趙飛燕的支持，於是，趙飛燕暫時逃過了一劫，而且還被尊為皇太后。

然而，漢哀帝劉欣只在位七年就駕崩了，繼位的漢平帝劉衎[42]一直很討厭趙飛燕，再加上群臣此時蜂擁而起的指責，「不守婦道」、「斷皇室之嗣」、「禍害國家」等罪名滾滾而來，劉衎也就順從群臣之意，將趙飛燕貶為了低一級的「孝成皇后」。又過了一個月，劉衎乾脆將她貶為庶人，發配去給漢成帝守墓。趙飛燕無法接受如此巨大的打擊，在到達漢成帝陵墓的第一天就上吊自殺了。

永田洋子——製造慘絕人寰內部清洗的惡魔女司令

◎成長在狂熱年代

在二十世紀六〇年代，似乎全世界的年輕人都陷入了一種狂熱，美國掀起了聲勢浩大的反戰運動[43]，歐洲到處都在罷工，在中國則是更加瘋狂的「文化大革命」。而此時的日本，雖然在戰後平靜了近二十年，卻也開始躁動起來，出現了共產主義的狂熱份子，妄圖在日本建立一個共產主義政權，甚至為此而開始了武裝鬥爭。為了讓世界聽到自己的聲音，他們不斷在全球各地製造恐怖事件，這些參與者都被稱為「日本赤軍」[44]。

按照常理，參加這些狂熱活動的人，應該是男性居多，但在日本的「赤色」運動中，女性不僅佔有相當比例，而且還往往佔據多數。「日本赤軍」分為三個派系：赤軍派、日

41 劉欣，漢成帝劉驁的侄子，後即位為漢哀帝，西元前七年至西元前一年在位。
42 劉衎，漢平帝，西元前一年至西元六年在位。
43 美國反戰運動，美國人民在六〇年代中期至七〇年代初期開展的反對美國侵略印度支那的運動。
44 日本赤軍，活動在二十世紀六〇年代到七〇年代的日本極左團體的統稱，主張推翻日本政府和天皇，並在全世界進行革命，主要有赤軍派、日本赤軍、聯合赤軍三個分支。

本赤軍、聯合赤軍，其中後兩者的領導者都是女性，而要論殘忍程度，聯合赤軍的領導者永田洋子絕對是「出類拔萃」。

出生於一九四五年的永田洋子，本來在大學接受過良好的醫學教育，等待她的也是一條極有希望的人生坦途，但當她畢業時，日本卻處於學生運動的風口浪尖，加上日本共產黨對於中國「文化大革命」的大力宣揚，使得許多學生變得左傾而且激進，其中也包括了永田洋子。

◎聯合赤軍裡的女魔頭

一般而言，學生運動中的部分參與者只是為了宣洩無處釋放的精力，等興頭過了自然會慢慢消退，但這一點對於永田洋子卻不適用，因為她不只是上街喊喊口號，或者到政府門口靜坐示威那麼簡單，而是直接加入了聯合赤軍——一個準備進行武裝鬥爭的團體，而她憑藉著自己的狂熱和能力，很快成為了聯合赤軍的「司令官」。

一九七一年，聯合赤軍佔據了日本群馬縣[45]榛名山，並以此為根據地和警察進行游擊戰。作為領導者的永田洋子當時年僅二十六歲，她相貌醜陋、身材矮小，而且性情乖張，也正因如此，她對其他女性都有著極強的嫉妒心理。

為了打擊聯合赤軍中某些自己看不順眼的人，永田洋子精心謀畫了一次「整肅」運動，聲稱團體內有人依然保持著資產階級的生活作風，必須予以嚴厲的懲罰。而此時，永田洋子早已設定好了自己的「獵物」。

小嶼和子，一個聯合赤軍中長相頗為甜美的女孩，當時正在和另外一名成員加藤能敬祕密戀愛，這自然讓相貌醜陋的永田洋子十分嫉妒，但她卻一直沒能抓到直接的證據，直到有一天被她撞到兩人正在接吻，期待已久的機會總算來了。

小嶼和子和加藤能敬被強迫跪在地上，接受永田洋子的審問。其實所謂的「審問」，只不過是一些翻來覆去的責罵：「為什麼還嚮往資產階級的生活方式」、「這樣要怎麼完成革命」、「對於集體和領導有不滿意見」、「簡直是道德上的敗壞」等等之類。期間，永田洋子還多次提到，他們二人的這種行為是對集體的一種「污染」，是完全不能容忍的罪惡。

加藤能敬承受不住壓力，承認兩人曾經有過性關係，這更是讓永田洋子抓住了重要把

45 群馬縣位於日本國關東平原西北部，東京西北面約一百公里處。

柄——沒有結婚就上床，這簡直就是共產主義者的大忌，甚至可以說是「恥辱」。於是下令將加藤能敬綁起來，並命令其他成員對其拳打腳踢，直到鮮血橫流。更沒人性的是，永田洋子還叫來加藤能敬的兩個弟弟「參觀」，並表示他們要是想和哥哥劃清界限，就必須也動手打他，不然就是沒有堅定的信念，就是反革命份子。逼迫親人之間相互鬥爭、毆打，而且還以此為樂，永田洋子內心之陰暗可見一斑。

加藤能敬的弟弟們完全被眼前的陣勢所嚇到，不得已動手打了哥哥。永田洋子又轉向小嶼和子，說如果她能夠也打加藤能敬幾下，就表明她有誠意改過自新。但小嶼和子完全不忍心下手，反而抱著自己的戀人痛哭了起來，這一幕不禁讓永田洋子更加怒火中燒，馬上下令將二人拖到屋外的柱子上綁起來。

這時的日本正處寒冬，室外的溫度可說是滴水成冰，小嶼和子和加藤能敬在七天之內完全沒有進食，也沒有喝一點滴水，連大小便都是就地解決。當小嶼和子小便時，永田洋子還帶著人去圍觀，邊看邊說：「妳這個不要臉的賤人，竟然在男人面前小便！」這樣的羞辱持續了整整七天，永田洋子在過程中感受到極大的快感，七天之後，這兩個人就這樣被活活餓死在雪地之中。

在小嶼和子和加藤能敬死後，聯合赤軍內曾經有一名男性成員對他們表示同情，這在永田洋子看來，無疑是質疑自己決策的正確性，自然也不能容忍。於是，永田洋子再一次使用暴力手段，命人將這名成員打到不能動彈，最後整個人倒臥血泊之中，雖然他撐了幾天之後才死去，但期間一直沒人理會，所以也分不清到底是受傷而死，或者也是被餓死的。總之，他成為了永田洋子手下的第三個犧牲者。

但死亡並沒有在聯合赤軍內就此結束，經過這件事後，永田洋子感到自己的威望有了明顯的提升，連成員們和自己說話的聲音都小了很多，顯示出相當程度的畏懼，這種畏懼讓她感受到權力帶來的的無限快感。

當然，權力是需要鞏固的，永田洋子選擇的鞏固方法，是繼續折磨和殘害內部成員。如前所述，永田洋子長得醜，於是組織內那些年輕漂亮的女性都成了她的頭號敵人，她們常常會因為「生活方式資產階級化」而受到整肅，大多數都會被剃成光頭，然後用刀毀容，稍有反抗的，就採取之前的方法——綁在室外的柱子上，如果幾天內永田洋子的氣消了，有些人可以倖免一死，但那些被永田洋子恨之入骨的人，則會直接在柱子上被餓死。

聯合赤軍內的男性照樣也躲不過迫害和殺戮，永田洋子作為「司令官」，在內部容不得任何的反對意見，只要稍微顯示出對她的不順從，就會立刻被扣上「階級敵人」的帽子——之後的整套流程就很常見了：整肅、審問、拷打，直到最後他們被折磨至死，而折磨的方式往往是永田洋子最喜歡的：饑餓。任由那些所謂的「階級敵人」哀嚎、懇求，永田洋子都不會給予任何理會，反而更極盡所能地嘲笑，直到那些人的聲音愈來愈弱，最後完全消失。

根據後來的統計，永田洋子在短短一年時間內，殺掉了十二人，而更準確的說法應該是十三人，因為那十二人中有一人是孕婦，而且即將臨盆，但依舊未能逃過永田洋子的魔爪。

永田洋子在一九七二年被捕，她的所作所為一經披露，在整個日本引起極大的震動，沒有人能相信，在現代化程度極高的日本，還存在著如此令人髮指的殘暴行為。日本法院後來判處永田洋子死刑，但是卻沒有立即執行，這個女魔頭一直活到了二〇一一年，最後是因為患病才在監獄中死去。

伊爾斯．科赫——把人皮當做紀念品的集中營女魔頭

納粹[46]，這個誕生在德國的惡魔，給整個人類帶來了二十世紀最大的一場災難，幾千萬人因為這個惡魔而丟了生命，更加令人髮指的是，其中有不少的遇難者是死於組織式的屠殺。

德國本是一個充滿思辨，而且哲學家輩出的國度，但在納粹這個陰影的籠罩下，幾乎整個國家都陷入了瘋狂，無論男女皆被洗腦，甚至在某些時候，女性會展現出比男性更為恐怖一面，其中的一個典型代表就是伊爾斯．科赫（Ilse Koch）。

◎平淡正常的早年生活

伊爾斯出生在一九〇六年的德國德勒斯登[47]（Dresden），父親是一家工廠的領班，

46 納粹，來自德文「Nazi」，是德文「Nationalsozialismus」的縮寫，意思為「民族社會主義」，由希特勒在一九三〇年代提出，主要鼓吹血統優越論，主張以戰爭獲取生存空間。

47 德勒斯登位於德國東北部，是德國重要的文化、政治中心，德國十大主要城市之一。

家境還算不錯，這也讓她得以從小就接受比較好的教育。在小學和中學時期，伊爾斯給人最深的印象就是禮貌、有教養，中學畢業後順利進入了一間會計學校就讀，之後又進入了公司成為一名會計。

伊爾斯的人生到此時，雖然談不上何等順利，但也沒有遇到太大的障礙。然而，她的祖國德國的境遇卻不太好——剛剛在第一次世界大戰[48]中戰敗，不僅大片的領土被其他國家瓜分，軍隊也被撤，經濟更是陷入困境。而這些，也成為了納粹在德國肆虐的重要原因，因為它的一個核心理念就是：要報復，要把德國在戰爭中失去的東西全都奪回來。

年輕人是最容易被煽動的一群，二十幾歲的伊爾斯也不例外，自己親眼所見的現實，加上納粹黨極具蠱惑性的宣傳，讓她在一九三二年加入了這個邪惡組織。

兩年後，伊爾斯遇到了後來的丈夫，當時的納粹軍官卡爾・奧托・科赫（Karl Otto Koch），兩人相識於納粹黨內的一次集體活動。直到這時，雖然戰爭的烏雲已經密布在歐洲上空，但尚未真正發動，所以對於伊爾斯而言，生活還稱得上平靜，不過很快地，包

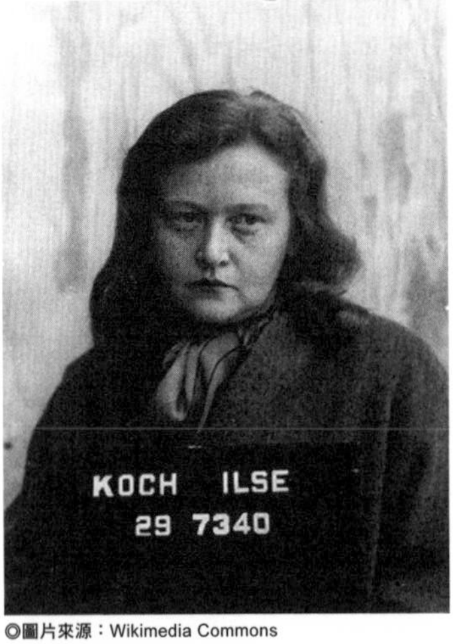

◎圖片來源：Wikimedia Commons

▲納粹集中營裡虐殺猶太人的變態女魔頭伊爾斯・科赫。

括她在內的全歐洲人命運都將隨之改變。

◎人皮「收割者」

一九三六年，第二次世界大戰在歐洲全面開打，納粹德國也加速了對猶太人的迫害，之前還只是政治或是經濟上的限制，直到一九三六年以後，開始將大批猶太人關入集中營。也就是在這一年，伊爾斯和卡爾‧奧托‧科赫正式結為夫妻，因為丈夫是德軍軍官的緣故，伊爾斯有了一份全新的工作：集中營看守人。

眾所周知，猶太人是一個極善於經商的民族，數百年間他們憑藉著自己的精明在歐洲積累了巨大的財富，不過政治地位卻一直很低，也沒有任何提供他們有力保護的組織。於是當二戰開始後，幾乎全德國的猶太人都進了集中營，而他們的財富自然也落入了納粹份子手中，其中也包括伊爾斯。

猶太人的財富是伊爾斯前所未見的：一袋袋珠寶、沉甸甸的金條，還有大把的現鈔。

48 第一次世界大戰，一九一四至一九一八年帝國主義國家為了重新瓜分世界、爭奪殖民地而進行的世界規模的戰爭。

起初，伊爾斯只是悄悄地偷拿猶太人的財物，到後來發現這樣的行為根本不會有任何後果，於是開始明目張膽地扣押，任何進入集中營的猶太人都會被她搜刮一空。不久之後，喜歡賽馬的伊爾斯在集中營旁建了一座面積廣大的競技場，其所用經費全部來自於搜刮猶太人的財富，可見其掠奪之瘋狂。

在這個競技場裡，伊爾斯充分展示出她暴力的一面。當時她最感興趣的一項活動，就是把猶太人關在競技場中，然後自己騎著馬進入場內，不斷揮舞馬鞭抽打他們。那些驚恐萬分的猶太人猶如羊群一般被驅趕，不斷地尖叫和逃開——這也正是伊爾斯喜歡的情景。

如果說伊爾斯只是搶奪猶太人的財富，以及肆意抽打他們，那她頂多也只能算是個強盜和施虐狂，但到了後來，這個女人漸漸發展出一種奇特的愛好，就是收集猶太人身上的紋身。

剛開始時，伊爾斯偶然看到一些死去猶太人身上的紋身，覺得圖案很漂亮，儘管一時想不起能有什麼實際的功用，但她還是要人把那些帶有紋身的皮膚剝下來。反覆把玩、欣賞過後，伊爾斯突然發現，這些美麗的皮膚用來做檯燈燈罩和書籍封皮再合適不過了，於是便在死去的猶太人中，搜尋那些有著美麗紋身的皮膚，然後將整張人皮剝下。

不過，紋身的猶太人畢竟是少數，而要同時滿足紋身漂亮和已經死去兩個條件，數量就更少了，所以人皮「資源」很快就用完了。這讓伊爾斯頗為沮喪，當她看著那些以帶著美麗花紋的人皮裝飾檯燈和書籍時，她已經沉迷於這種變態愛好中無法自拔。

伊爾斯很快想出新的辦法來，這個辦法效率極高，也極其恐怖：伊爾斯開始在集中營裡的猶太人中挑選皮膚白皙的人，然後在他們身上紋上自己喜歡的圖案，最後、將他們殺掉剝皮——也就是說，伊爾斯殺掉一個人的全部目的，僅僅是為了獲得一件裝飾品，而且為了不破壞皮膚的完整性，屠殺猶太人的方式全都是毒殺。

這時候的猶太人，在伊爾斯眼中已

◎圖片來源：Jules Rouard, Wikimedia Commons

▲集中營解放後搜出伊爾斯・科赫所收藏的各式人體內臟。

經完全不是一個人了，而僅僅是「種植」著她戰利品的載體，每紋好一次身，她就能收割一次，儼然已經徹底成為一個毫無人性的「人皮收割者」。

而隨著時間的推移，集中營中的猶太人也漸漸發現了伊爾斯殺人的規律，以往是有紋身的人一個一個消失，後來則是有著好皮膚的年輕人消失，他們也似乎明白了什麼，為了保命，有的人甚至主動劃傷自己的皮膚。

◎審判

非常諷刺的是，逮捕伊爾斯・科赫的並不是以美國為首的盟軍[49]，而是納粹。原來，伊爾斯和她的丈夫卡爾・奧托・科赫都是對金錢極其著

▲伊爾斯・科赫令人不寒而慄的恐怖收藏：人皮燈罩。

迷的人，他們不僅掠奪猶太人的財富，也大肆挪用德國軍隊的公款，並最終因為貪汙而被捕。

後來卡爾・奧托・科赫被判有罪關入監獄，伊爾斯則僥倖逃過一劫，但沒多久後德國就在二戰中戰敗，盟軍接管了德國的監獄，並重審卡爾・奧托・科赫，進而再次牽扯出伊爾斯，她在集中營裡對猶太人犯下的駭人罪行也隨之公諸於世。之後，經過數年的審判，一九五一年時，伊爾斯被判處終身監禁，同時被剝奪所有公民權利。

一九六七年的一天，伊爾斯的兒子準備去探望她，結果卻收到監獄的消息，伊爾斯在前一天夜裡上吊自殺了。這個女魔頭或許終於體會到了那些猶太人生不如死的痛苦，在六十歲生日前選擇結束了自己的生命。

---

49 盟軍為同盟國軍隊的簡稱。參與該聯盟的國家主要有美國、蘇聯、英國、自由法國、法國、中華民國、加拿大、澳大利亞、埃塞俄比亞、朝鮮等數十個國家。

CHAPTER 2

利慾誘引的魔性之魂

木嶋佳苗——燒炭殺害三任情人的「黑寡婦蜘蛛女」

在社會環境十分穩定又高度富裕的日本，犯罪率一直都很低，和其他發達國家諸如美國、英國、法國等等比起來，日本是一個極其安全的地方，一樁普通的兇殺案都會成為各大新聞的頭條——因為發生率實在微乎其微。但是，就在這樣一個安定祥和的國家，卻出了一個半年內連殺三人的女魔頭。

事情要從二〇〇九年開始說起，東京有一個叫木村的上班族，四十六歲卻依然單身，雖然年輕的時候也交往過幾個女友，但是最終卻因為各方面不適合而沒能結婚，都快五十歲的人了，基本上對婚姻也不抱什麼希望了。

有一天，木村百無聊賴地在網路上流覽徵婚網站，突然發現了一個暱稱叫做「佳苗廚房」的女性發布消息：擅長做飯，希望找比自己年長的男性，如果合適希望能夠閃電結婚。木村看了看「佳苗廚房」的照片，發現她皮膚白皙、眼神溫柔、嘴唇豐滿，而且還很年輕，一九七五年出生，比自己足足小了十幾歲。不管是個人描述還是外貌，以及對於結婚的看法，都十分符合木村的理想條件，於是他興沖沖地發了封電子郵件給這位「佳苗廚房」。

然而，令木村失望的是，發出去的郵件彷彿石沉大海，一點回音都沒有。等了半個月，當木村幾乎都快忘記這件事情時，「佳苗廚房」卻突然回信了，「佳苗廚房」在信裡詳盡地回覆了木村所提的問題，還附上一個網站連結，裡面展示的全是她所親手製作的食物，十分精美。這封回信讓木村十分驚喜，再次回信時，直接表達了自己很希望快點結婚的意願。

這一次把郵件發過去以後，「佳苗廚房」沒有讓木村等待太久，便回信說她對於結婚也是很認真的，而且希望木村可以給她電話號碼。這樣的回覆讓木村不禁一陣狂喜，覺得幸運之神終於眷顧自己，並開始頻繁地和「佳苗廚房」通話及郵件來往，二人很快就墜入了愛河。

時間到了二〇〇九年九月，木村第一次來到「佳苗廚房」的住處，並第一次見到了「佳苗廚房」本人，她說自己的真名叫做吉川櫻。吉川櫻的一切情況都符合之前的描述，會做可口的飯菜，外表也是木村喜歡的類型，兩人聊天也很投緣，但聊天到最後，吉川櫻向木村說了一件感到為難的事情：她的房租即將到期，但是自己又暫時沒能力支付之後的房租，希望可以搬到木村那兒去住一段時間。

交往中的女朋友自己提出要同住，面對這樣送上門的好事，木村怎麼可能拒絕，自然是滿口答應，不久之後，兩人就像一對小夫妻一樣開始了同居生活。吉川櫻的表現的確讓木村很滿意，照顧他的起居，為他打理日常瑣事，初次享受到溫馨家庭生活的木村，覺得這簡直是上天賜給他的禮物。

不過，唯一美中不足的就是，吉川櫻在用錢方面的豪奢作風，讓木村稍微有些不能接受：一張床就要花去七十萬日幣，連一個衣架也要一千日幣，報名參加廚藝教室又要用掉七十萬日幣，汽車也換成了更高級的賓士轎車等等，這些都讓木村感到有些吃不消，不過對於這樣一份來之不易的「姻緣」，他願意忍受。

沒過幾天，吉川櫻又向木村表示，為了專心學習廚藝，她決定住到廚藝學校去，這樣才能更快學成結業，也好儘早給木村做出更美味的飯菜。看到自己的女朋友如此賢慧，木村自然是滿心歡喜地答應了，並又給了吉川櫻一筆錢。

等到吉川櫻走後，木村有一次在家看電視新聞，忽然有宗兇殺案引起了他的注意：就在不久之前的二〇〇九年八月，一個叫大出嘉之的職員在網站上認識了一位年輕女子，兩人交往沒多久之後，該女子就表現出想結婚的意願，這讓四十一歲的大出嘉之喜出望外，不僅立刻答應了，而且還在自己的部落格上興奮地宣布自己即將出發進行結婚旅行。

然而，當人們再一次發現他時，卻是在琦玉縣[1]一處停車場的汽車裡，已經沒了呼吸，員警在車內發現炭爐，這似乎是一起燒炭自殺的案件，但在之後的驗屍過程中，卻意外發現大出嘉之體內有大量的安眠藥——這就顯得有些蹊蹺了，既然要自殺，為什麼非得燒炭和服藥兩種一起進行？而且吃了安眠藥之後，還能把車開到這麼遠的地方嗎？

隨著案件深入調查，大出嘉之的未婚妻引起了警方的注意，這個女人聲稱喜歡年紀比自己大的男人，在和大出嘉之同居兩週之後就決定結婚，但提出要掌握家裡的財政大權，當大出嘉之把將近五百萬日幣的存款交給她之後的第二天，就離奇地死在了車裡。

當木村看完這個案件的報導後，不禁想起了吉川櫻，新聞提到的那個女人和她實在是太相似了，以至於他不禁開始覺得有些惶恐。果然，過沒幾天，警方找上了木村，說他的未婚妻涉嫌殺人，並對他家進行了搜查，而搜查結果更令木村大吃一驚，家裡不知道什麼

◎圖片來源：DryPot, Wikimedia Commons

▲木嶋佳苗行兇後，將屍體偽裝成燒炭造成的一氧化碳中毒，企圖故布疑陣，混淆視聽。

1 琦玉縣是日本關東地區中部的內陸縣，位於首都東京以北約兩百公里。

時候竟然多了許多安眠藥——和大出嘉之胃裡驗出的一模一樣，而且有些已經被研磨成細粉。

警方接著告訴木村，那個吉川櫻的真名其實叫木嶋佳苗，之前已經涉嫌多起命案，從二〇〇九年一月到八月期間，木嶋佳苗分別結識了一位五十三歲的公司職員，一位八十歲的退休老人，以及前面所提到四十一歲的大出嘉之，在分別從男方那裡得到了錢財之後，這三人全都死於燒炭造成的一氧化碳中毒，而且看起來都像是自殺，在其中兩個人的體內也發現了安眠藥。更關鍵的是，木嶋佳苗在錢財到手之後，立刻從這三人身邊消失。

◎圖片來源：Shenrich91, Wikimedia Commons

▲木嶋佳苗專挑想結婚的男子謀財害命，作案手段殘忍，被日本媒體形容為「黑寡婦蜘蛛女」。

最後，果然如警方的判斷，這個木嶋佳苗的確就是名謀財害命的毒婦，她每次作案手法均雷同，都是上網尋找年紀較大的男人，以結婚為誘餌讓這些男人把錢交給自己保管，然後用燒炭的方法將對方殺害。員警後來還發現，在木嶋佳苗離開這段期間，她已經在網上訂購了木炭，這當然是替木村準備的，如果不是警方及時發現，木村成為第四個受害者幾乎是無庸置疑的。

很快，警方逮捕了木嶋佳苗，所有案情也都水落石出，媒體也開始報導此一震驚全國的案件。由於作案手段殘忍，受害人數也較多，日本媒體給她送了一個「黑寡婦蜘蛛女」的稱號，因為「黑寡婦」這種蜘蛛會毫不猶豫地吃掉每一隻向牠求偶的雄性蜘蛛，沒有一隻可以生還。

最終，日本法院判處木嶋佳苗死刑——這在多年來幾乎不再有死刑判決的日本相當罕見，不過，直到今天，這個死刑判決依然還未執行，這隻「黑寡婦蜘蛛」也還沒有為她的狠毒付出代價。

瑪莉・安・柯頓——把人命當做「生意」的毒辣少婦

十九世紀的大英帝國，正處於國力最巔峰的時期，不僅殖民地遍布全世界，財富也占了全球幾乎一半，而支撐這些的，則是它背後的一整套先進制度，其中包括「保險」這個在當時顯得十分先進的觀念。

你也許無法想像，在大約兩百年前的英國，一名普通的海事人員都會購買人壽保險，但這的確是真實發生過的歷史事件，而且還引出一段震驚英倫的連續殺人案。

一切開始於一八五二年，有位二十歲的英國女子步入了婚姻的殿堂，這對她來說是很不容易的，因為她八歲時父親就死於礦災，母親再嫁後，她與繼父關係極差，十六歲便獨自離家生活，三年受盡苦難後才回到母親身邊。所以，能夠擁有自己的家庭，對於這名年輕女孩來說，實在是一件值得慶幸的事，這意味著她在這世上總算有了依靠。這個女孩的名字，叫做瑪莉・安・柯頓（Mary Ann Cotton）。

但命運很快又向瑪莉展示了殘酷的一面，在最初的幾年裡，這對夫婦生下五個孩子，其中四個都因病夭折，後來他們舉家搬到另外一個地方，卻依舊沒有逃過厄運，之後再生下的三個孩子，沒有一個存活下來。更不幸的是，在結婚十三年之後，瑪莉的丈夫——一名兢兢業業的水手，病死於嚴重的消化系統紊亂。

稍微值得慶幸的是，瑪莉的丈夫在生前購買了人壽保險，受益人正是妻子瑪莉，於是這名可憐的女人收到了一筆三十五英鎊的理賠金，這數目在現在看來簡直微不足道，但在當時卻是一個水手半年的工資，儘管無法讓瑪莉變成有錢人，但這已經是一筆為數不小的金額。

待瑪莉從喪夫的悲痛中平復之後，面對保險公司送來的賠償金，她的腦子裡漸漸開始考慮起其他事情來，因為這筆錢實在來得太容易了，不僅能夠彌補她喪夫的痛苦，而且從小就吃盡苦頭的經歷，也讓瑪莉對於金錢的渴望要更高過其他人，於是，一個邪惡的念頭就慢慢成形了。

就在瑪莉喪夫的那一年，一八六五年，她很快就遇到了第二任丈夫，名字叫喬治・沃德（George Ward）。兩人相

◎圖片來源：Wikimedia Commons

▲英國歷史上的第一個為詐領保險理賠金而謀財害命的連環女殺手瑪莉・安・柯頓。

遇是在一間小診所裡，當時瑪莉在診所裡當看護，她負責照顧的就是工程師喬治・沃德。在瑪莉大獻殷勤之後，兩個人很快陷入愛河，並且閃電結婚。然而，喬治・沃德結婚後身體狀況一直不太好，主要是部分身體功能癱瘓和消化系統紊亂，不過在好幾個替他診斷的醫生看來，這些症狀都還不至於危及生命，不過令人意外的是，在和瑪莉結婚僅僅一年後，喬治・沃德就突然去世了。

對於喬治・沃德的死，好幾個醫生都大感意外，但是基於他過去始終身體欠佳，所以他的離世也並非不能理解，時間一久，也就沒人再對這件事情產生疑問。但另外一件事情卻是不容置疑的：瑪莉再一次得到了一筆保險理賠金，數目是前夫的好幾倍。

第二任丈夫死後沒多久，瑪莉受雇於一個名叫詹姆斯・羅賓森（James Robinson）的男人，到他家裡當保姆。詹姆斯・羅賓森剛剛經歷喪妻之痛，常常從瑪莉那裡尋求安慰，時間一久，兩人產生了感情，詹姆斯・羅賓森也表示會娶瑪莉為妻。不巧的是，這時卻突然傳來瑪莉母親得了重病的消息，當瑪莉趕回去時，母親病情已有所好轉，似乎有痊癒的跡象，但在瑪莉回來之後的幾天內，母親又開始抱怨胃部劇烈疼痛，九天之後竟然一命嗚呼。

瑪莉重新回到詹姆斯・羅賓森身邊後，死亡如影隨形，她和第一任丈夫唯一沒夭折的女兒依莎貝拉（Isabella Ward）、詹姆斯・羅賓森與前妻生的兩個兒子，以及兩人在一起後生下的一個兒子，一共四個孩子，在短短一年多時間裡，全都離奇死亡，而且死前都有同樣的症狀：胃部疼痛。

與此同時，瑪莉和詹姆斯・羅賓森的婚姻並不順利，幾個孩子的死亡已經帶來了不少保險理賠金，但瑪莉卻仍然堅持要詹姆斯・羅賓森也購買保險，再加上詹姆斯・羅賓森發現瑪莉經常偷拿家裡的東西出去典當，甚至把本該存進銀行的錢放進自己的口袋裡。上述所有這些行為都讓詹姆斯・羅賓森充滿了懷疑和憤怒，於是結婚後不到兩年，他就將瑪莉掃地出門了。

一八七〇年，瑪莉開始了她的第四段婚姻，對方是她朋友的哥哥，情況和之前的詹姆斯・羅賓森一模一樣，也是妻子去世沒多久，有兩個孩子。於是，這個叫佛雷德里克・科頓（Frederick Cotton）的男人也面臨了同樣悲慘的命運，首先是他自己不明不白地染上重病，而且很快就去

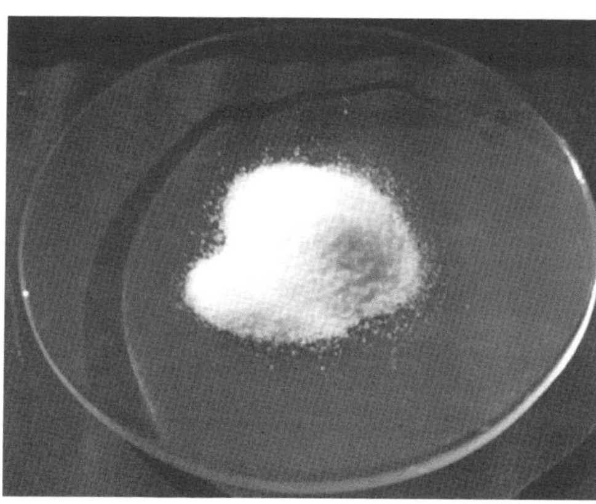

◎圖片來源：Wikimedia Commons

▲砒霜化學名稱為三氧化二砷，是最古老的毒物之一，無臭無味，外觀為白色霜狀粉末。

世，接著他的兩個兒子也跟著病逝——也就是說，這一家人算是滅門了，他們死前的症狀也出奇一致：胃部疼痛，消化系統紊亂。

就在瑪莉愉快地數著保險公司送來的理賠金時，她又勾搭上了以前的老情人約瑟夫・納特拉斯（Joseph Nattrass），兩人很快又打得火熱，雖然最終沒有結婚，但是他們也生下了一個兒子。然而，無論是情人還是兒子，沒有一個人能在瑪莉身邊活很久，他們以相同的方式（胃痛）死去，也再一次給瑪莉帶來了保險理賠金。

由於這些不正常的死亡來得實在

◎圖片來源：Wikimedia Commons

▲因為丈夫過世而領到三十五英鎊理賠金，讓瑪莉・安・柯頓初嚐甜頭，毒殺至少12條人命詐領保金。

是太頻繁，終於引起了一位牧師的注意，他開始向警方舉報發生在瑪莉身邊發生的這些不尋常之事。

同時，嗅覺敏感的媒體也開始挖掘瑪莉的行蹤，發現她足跡遍布英國南部，而且還列舉出這些年死在她周圍的人：三任丈夫、自己的母親、一個情人，好幾個自己的孩子，以及繼子。調查並沒有持續很久，因為警方在重新對佛雷德里克・科頓及他的兒子驗屍後發現，他們體內都含有過量的砒霜，是造成他們死亡的直接原因，而投毒的人，正是瑪莉。

最終事實大白於天下，瑪莉・安・柯頓，一個來自英國農村的普通女人，竟然成了世上謀殺親人詐領保險金的史上第一人。第一任丈夫的死亡，讓瑪莉明白到保險金是一筆回報率極高的生意，而在醫療水準還很低的十九世紀，一個人生病死亡是極其平常的事情，瑪莉只不過「加速」了這個過程。

她在挑選情人時甚至有特別的條件：身體虛弱的最好；如果剛喪偶就更好了，因為對方會對自己更加地依賴與信任；要是對方有孩子則更加完美，更多的人，意味著更多的保險金。

至於瑪莉的操作手法，就像前面所說的，全都是下砒霜毒殺。砒霜在那個時代並不算很難到手，而且大家對於砒霜的毒性認識還不夠深。每一次瑪莉都會趁著自己鎖定的獵物生病體弱時，悄悄在食物或水中混入砒霜。

不過，令人髮指的是，瑪莉對待自己母親的手段是最為直接，也最殘忍的，她直接將砒霜當為藥物餵給母親，連任何一絲的掩飾都沒有，按照她的說法是，反正母親也再活不了多久，還不如早一點死了，可以早點拿到保險理賠金。

在整個殺人騙保金的過程中，瑪莉從來沒有後悔過，她的確靠這個方法大大提高了自己的物質生活水準，而且就在警方逮捕她之前，她早已物色好新的目標，連下毒的砒霜都已經準備好了。

根據瑪莉自己的供述，她至少殺掉了十二個人，也就此成為英國歷史上的第一連環女殺手。儘管瑪莉的辯護律師曾經辯白，那些死去的人都是自己誤服了砒霜，但法庭拒絕相信，並且將瑪莉的行為認定為蓄意殺人，且情節嚴重。最終，在一八七三年的一個早晨，四十一歲的瑪莉・安・柯頓被執行了絞刑。

蘇珊・史密斯──為和富人交往虎毒食子的冷酷惡母

◎兩個失蹤的孩子

美國加州，一九九四年十月的某個下午，一陣瘋狂的呼喊打破了小鎮的平靜，緊接而來的是急促的敲門聲。等到房子主人打開門時，見到一個情緒幾乎失控崩潰的陌生女人。她聲稱自己剛剛開車時被人搶劫，而自己的兩個兒子還在車上，希望能得到幫助，房主意識到事態嚴重，立刻向當地警方報了案。

這個叫做蘇珊・史密斯（Susan Smith）的女人隨後向員警描述了案發的情景：她正開著車在一條叫Monarch Mills的路上，當她在停車等紅燈時，一名黑人突然出現，粗暴地將她趕下車，並開車帶著她的兩個孩子消失了，直到現在都沒有任何消息，連孩子是否還活著都不知道。

黑人、搶劫、兒童，這些關鍵字立即引起了全國上下的注意，各地媒體開始蜂擁而至，民眾也緊張地關注著兩個幼童的命運。同時，蘇珊・史密斯的前夫，也就是兩個孩子的父親大衛，也在第一時間趕到她身邊陪伴。史密斯在前夫面前表現得相當脆弱，幾乎連話都說不清楚，只是不斷地呼喊兩個兒子的名字。

根據史密斯的描述，加州警方迅速展開了調查，按照以往的經驗，這樣的搶劫案多多少少都會留下一些痕跡，比如目擊證人、監視器錄影等等，但這一次完全沒有任何線索，彷彿罪犯是隱形的，連那輛被搶的車也成了隱形。

如此詭異的情況讓警方開始產生某種懷疑，他們決定對史密斯和大衛進行測謊，而兩人的結果大相徑庭，大衛順利通過了每一道測謊題，而蘇珊的測試結果卻表明，她的每一句話幾乎都在說謊。

儘管沒能通過測謊，但是警方依然不能對蘇珊做出確鑿的指控，因為從理論上來說，測謊儀只是對一個人心理狀態的判斷，而史密斯剛剛失去兩個兒子，很可能會因為心慌意亂而影響到測謊結果，也許她並沒有說謊，只是神智稍微有些不清醒。

然而，當一個警官再次查閱史密斯的口供時，卻發現了一個之前被遺漏的細節：蘇珊聲稱自己被搶劫時，車正停在Monarch Mills路口等紅燈，周圍沒人，也沒有任何車輛，然後那個黑人就突然出現了。但事實上，Monarch Mills路的那個路口，交通燈號並不是按時變化，而是一旦有車橫向穿過時，紅燈才會被觸發亮起，以讓縱向行駛的車停下等待——也就是說，蘇珊對案發現場的描述根本就是假的！

沒有目擊證人，完全沒有蹤影的黑人搶劫犯，現在又出現虛假的案發描述，這一切都表明蘇珊根本就在說謊！警方再次對蘇珊進行審問，在第九天，她再也承受不住內心的壓力，終於承認其實是自己殺了兩個親生兒子，一時間輿論一片譁然。

◎凌亂不堪的生活

蘇珊・史密斯出生於一九七一年，是家中最小的孩子，但這並沒有給她帶來更多的寵愛，相反地，她七歲時父母就離婚了，更糟糕的是，一直和她關係很好的父親，在離婚後幾個月飲彈自盡了。

跟著母親改嫁以後，蘇珊搬進了繼父畢福（Bev）的家，但不幸依然圍繞著她，人面獸心的繼父在蘇珊十幾歲時就開始長期性侵她，但史密斯卻一直敢怒不敢言。

這些不堪的遭遇，讓蘇珊個性變得孤僻、怪異，而且在性關係方面變得放縱，當她還在上中學時，就同時和三個男人有不尋常的關係，其中一個還是有婦之夫。經歷了瘋狂的青年時代後，蘇珊和大衛結婚，並生下兩個兒子，但他們的婚姻依舊不順利，反反覆覆的吵架、分居再復合，直到最後，蘇珊在工作的地方遇到了湯姆・費德雷（Tom Findlay）

——公司老闆的兒子，她下定決心簽下離婚協議。

蘇珊的確很想和費德雷在一起，而且十分認真地考慮和他結婚，但讓人驚訝的是，她在這個階段依然和其他男人保持聯繫，其中包括自己的前夫，甚至還和費德雷的父親關係曖昧。

◎一封成為導火線的分手信

最初和蘇珊・史密斯約會時，費德雷的確很喜歡她，並稱讚她可愛、聰明、有愛心。但不知為何，費德雷總是將兩人的關係保持在一個不遠不近的距離，這讓蘇珊有些著急了，費德雷有錢、帥氣又幽默，簡直就是不可多得的完美男人，要是失去這個機會，她肯定會後悔一輩子。

面對費德雷若即若離的態度，蘇珊一直搞不清楚到底是為什麼，直到有一天她收到了一封電子郵件，是費德雷寫給她的分手信。

在信裡，費德雷依舊對蘇珊大加讚揚，然後漸漸說到兩人有著各自不同的家庭背景，並強調這沒有好壞之分，只是會讓兩個人對於生活有不同理解，再然後就是重點了——費德雷顧慮兩人無法繼續交往的關鍵之處是：不能有孩子在身邊。

收到這封電子郵件後，蘇珊的心情相當低落，原本幾乎已經到手的富豪男友，就因為和前夫所生的兩個孩子要和她分手。這次分手對蘇珊來說無疑是一次巨大的打擊，她從小就命運多舛，直到遇上費德雷，希望能透過這位富豪男友改變自己的人生，但殘酷的現實卻讓她再次跌落谷底。再往後，隨著年齡增長，又帶著兩個拖油瓶，別說嫁給有錢人了，就是想找個普通人再結婚都希望渺茫。

就這樣，「孩子」這個字眼反覆縈繞在蘇珊的腦中，讓她陷入了瘋狂，她

◎圖片來源：Silverije , Wikimedia Commons

▲蘇珊・史密斯為和富豪男友交往，將與前夫所生的兩個孩子鎖在車內衝入湖中，將其溺斃。

開始覺得孩子是阻礙她得到幸福生活的最大、也是唯一的障礙。最後，她決定親手除掉這個障礙。

就在蘇珊報案的當天，其實她根本沒有出現在Monarch Mills路，而是開車載著兩個孩子來到某座湖附近，下車後她並未熄火，反而踏了一腳油門，接著馬上關上車門，將兩個年幼的孩子鎖在車裡。汽車憑藉慣性衝入湖中，蘇珊站在湖邊，看著自己的親生孩子不斷拍打車窗，最終一點一點地沉入了湖中。

令人心生寒意的是，蘇珊並沒有任何一點悔恨和焦慮，相反地，她很平靜地打了電話給費德雷，彷彿是在彙報自己完成了一項艱巨的工作——雖然艱巨，但卻很值得。

因為在她看來，這下子她終於可以和費德雷在一起了。費德雷在電話中了解到事情的嚴重性，覺得這個連自己親骨肉都敢殺的女人，將來要是因愛生恨殺掉自己，絕對是非常有可能的，於是立刻掛掉電話，並且再也不與她聯絡。

在那通電話之後，就是蘇珊到醫院時進行的那場表演了。

警方最終攻破了她的心防，並在她供述的湖裡找到了那輛汽車，車中的兩個孩子在水中已經浸泡了長達九天，屍體慘不忍睹，而他們一個才三歲，一個才剛剛滿周歲。

一九九五年七月，法庭對史密斯做出了判決，由於加州沒有死刑，於是她受到除死刑以外的最嚴厲懲罰：終身監禁。

在獄中，史密斯曾經兩次試圖自殺，但都沒成功，她將在牢獄中度過餘生。

莎拉・珍・邁金——殘殺雇主嬰孩的兇狠保姆

一八九二年十月十一日，澳洲新南威爾斯州[2]一個名叫麥克唐納德（Macdonald town）的小鎮，部分居民抱怨住家的下水道已經很久都不能排水出去，於是在這天，當地政府派了一名叫詹姆士（James）的工人來查看。

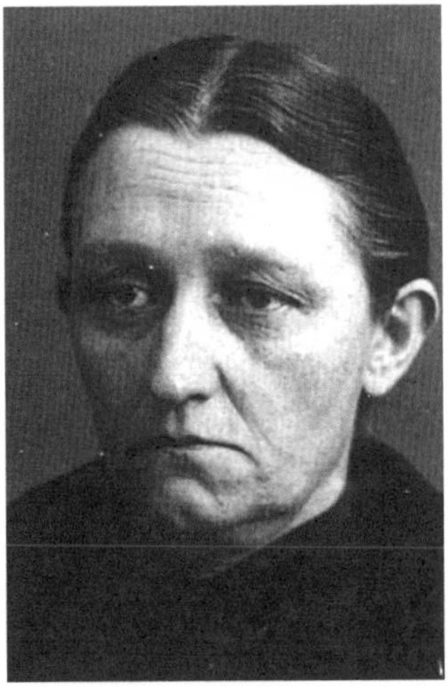

◎圖片來源：Wikimedia Commons

▲十九世紀澳洲殺人最多的女魔頭莎拉・珍・邁金。

詹姆士仔細查看管線，發現路邊的一段下水道裡，的確有東西卡在那裡，等到他把那團東西挖出來時，不禁嚇了一大跳，竟然是兩個小孩的屍體！

詹姆士立刻報警處理，趕來的員警在經過初步勘察之後，發現兩個小孩年紀約莫一、兩歲，而且屍體已經腐爛，應該被棄屍很久了。起初警方曾一度懷疑是不是小孩自己不小

2 新南威爾士州（New South Wales），位於澳大利亞東南部，是英國人在殖民澳大利亞期間最早開發的地區，也是目前澳大利亞最繁華的州。

心失足，意外掉進下水道裡，但是最近都沒有人報案附近有小孩失蹤，而且下水道很窄，兩個小孩一起掉下去的可能性很小。

最後，警方認定這是一起蓄意謀殺案，而且可能還有更多的受害者。

果然如警方所預料，隨著案情深入調查，一名叫做莎拉・珍・邁金（Sarah Jane Makin）的女人引起了他們的關注。

邁金是鎮上唯一一位讓人長期寄養孩子的看護婦，但她並不是出於好心，而是為了賺錢。因為她並不是本地人，所以大家對她的過去和生活瞭解並不多，平時她也深居簡出，就是這點讓警方起了疑心。

其實，如果將時間往前推一些，邁金的人生看起來也沒有什麼特別之處：一八四五年出生於澳洲，在一八六五年和一八七一年先後結了兩次婚，和第二任丈夫約翰（John）一共生了十個孩子——這對一般家庭來說無疑是巨大的負擔，但更倒楣的是，約翰在一次事故中受傷，雖然恢復

◎圖片來源：Wikimedia Commons

▲莎拉・珍・邁金的第二任丈夫約翰，同為謀殺嬰兒的共犯，最後被判入獄。

了健康，但從此以後卻再也不能工作，收入因此受限。

就在警方持續調查的時候，一位住在雪梨的年輕女子也趕到了麥克唐納德鎮，經過她的指認，下水道中的其中一具孩童屍體就是她的孩子。原來，在一八九二年年初，這個叫安珀・莫雷（Amber Murray）的女子在雪梨的報紙上刊登廣告，尋找有償照顧孩子的人，因為她那時才十八歲且未婚，孩子是個私生子——按照當時的法律，那是一個「非法」的孩子。

按照莫雷的描述，前來應徵的正是邁金，在收了三磅的預付款後她就帶走了孩子。之後的一段時間裡，莫雷都繼續按月支付孩子的撫養費，但當她要求想去看一眼孩子時，邁金卻以各式各樣的藉口推諉。最後，莫雷決定按照邁金曾經留下的一個地址直接找上門去，結果邁金一家已不住在那裡，他們早就搬離了雪梨。

隨著莫雷確認其中一個小孩的身分後，員警迅速逮捕了邁金，同時還在她在澳洲住過的十一個地方進行搜查，結果令所有人大感震驚：

對這些曾是邁金住處的後院進行挖掘後，一共發現了十具小孩的屍體，其中一些因為時間太久遠，已經變得面目全非，幾乎無法確認身分。

真相終於大白於天下，邁金這個表面看起來很慈祥的母親，事實上卻是一個用小孩生命換錢的「惡魔」。

根據邁金自己的供述，在丈夫受傷以後，她決定要找方法來多賺一些錢，不過，這位育有十個孩子的母親似乎只有一項技能，那就是帶孩子。

於是她開始主動尋找機會，把那些親生父母不願照養的私生子帶回家，以此收取一定的費用。

沒多久，邁金發現在自己已經育有十個孩子的情況下，根本無力再去撫養其他孩子，實在太過勞累辛苦了，更何況這些孩子和她一點血緣關係也沒有，整天的啼哭、尿片、奶瓶讓她煩不勝煩。

漸漸地，邁金對那些受託照顧的孩子產生了異樣的仇恨，覺得他們全都是來折

◎圖片來源：Wikimedia Commons

▲ 位於澳洲新南威爾斯州的州立監獄，是莎拉・珍・邁金的終身監禁之地。

磨她的惡魔，相比之下，自己得到的金錢報酬根本微不足道。

終於有一次，邁金決定悶死第一個寄養的嬰兒，並將其埋在自家的後院裡。當嬰兒的哭聲漸漸消失時，邁金感到了一種前所未有的輕鬆，煩惱沒有了，但錢還在，而且只要立刻搬家，這樣誰也找不到她了。

就這樣，邁金開始不斷地收養孩子、收錢，然後馬上搬家換地方，每次搬走前都會殺掉嬰兒，孩子大多是被淹死的，有時候嫌麻煩，甚至直接將嬰兒活埋。由於邁金每到一處都以假名行事，所以等她搬走以後，幾乎沒有人能再找到她。

當邁金搬到麥克唐納德鎮時，有兩個孩子和她一起來到這個小鎮，待安頓好以後，邁金再次將兩個小生命無情地淹死。接著，當邁金熟練地拿著工具準備掩埋屍體時，卻發現周圍根本沒有合適的地方，只好將兩個孩子的屍體塞進了下水道，希望水一沖之後就能消失得無影無蹤。

但事實並未如邁金預料，於是出現了開頭的那一幕。

在審判中，邁金只承認了警方所找到的十二具孩子的屍體，不過根據估計，死於她手中的嬰兒應該更多。即便只按照十二這個數字，邁金也已經是十九世紀的澳洲殺人最多的女性，而她這種向嬰兒下手的行為，更是震驚了整個澳洲大陸。

不過邁金的結局卻有些出乎意料，她被判處死刑之後又被認定患有精神病，最後改判終身監禁，又活了二十幾年，直到一九一八年時才在獄中死去。

CHAPTER 3

情慾蠱惑的妖邪之魄

昭信——殘害丈夫寵姬並煮屍的狠辣妒婦

和男人相比，女人的嫉妒之心似乎總是更強一些，也許是因為女人大多需要依靠男人，所以總是隨時擔心會失去依靠，或是被別人搶去女主人的位置，這讓女人更容易不安，也更容易仇視同性，這種情形在古代男女地位極度不平等的社會前提下，顯得尤為突出。

若要問中國古代哪個朝代因嫉妒之心而產生的毒婦最多，漢朝似乎是最佳的答案，因為那時不僅有呂雉、趙飛燕這樣大名鼎鼎的「毒婦」，也有一些即便名氣不大，但同樣毒得「出類拔萃」的女人，比如昭信。

◎踏著別人的屍體成為王后

昭信，東漢[1]人，在史書中沒有她的具體生卒年，對於她早年生活的記載也是一片空白，當她第一次出現在歷史舞台上時，就已經是廣川王劉去的愛妃了。對於昭信如何進入王宮之中，又是如何獲得劉去的寵信，歷史沒有記載，但這些都不影響她後來的「成就」。

劉去是漢景帝的曾孫，生活在西元前一世紀左右，本來按照他的位階背景根本當不了「王」這種級別的貴族，但是他的父親廣川王劉繆因為觸犯刑律而被治罪，這才讓他有機會承襲了王位。

劉去年幼時並未接受完整的教育，過的又是聲色犬馬的生活，突然成為廣川王後，他並沒有就此收斂或上進，反而變得更加荒淫無度，光是納妃就超過十餘人，而昭信便位列其中。

▲漢景帝（清人繪）。廣川王劉去為漢景帝曾孫，因寵愛毒婦昭信，雙雙耽溺於慘無人道的虐殺嗜好，遺臭千古。

昭信初入廣川王府時雖受寵愛，但資歷畢竟還比不上其他人，尤其是王昭平，她當時是劉去的王后。不過，昭信有她自己的巨大優勢，那就是長得漂亮，這對於好色的劉去來說自然很是受用，在昭信到來之後頻繁寵幸，幾乎成為他最為喜歡的妃子。劉去對昭信的

1 東漢：始於西元二五年終於二二〇年，中國歷史上的一個朝代。

寵愛，讓王宮中的其他女人感到了威脅，尤其是身為王后的王昭平。但還沒等到王昭平想出什麼好辦法之前，昭信卻早已開始行動了。

昭信瞭解自己的處境不利，但她也同時很明白自己的優勢：劉去的寵愛。於是她決定先下手為強，跑到劉去那兒說王后容不下自己，想要悄悄把自己殺掉。這時的劉去對昭信疼愛得不得了，誰要是把昭信殺了，簡直就像要了他的命似的，於是不由分說，立刻派人將王昭平抓了起來。

然而，這時的王昭平其實並沒有留下任何「犯罪」的罪證，因為她根本還沒有採取任何實際行動，所以在面對鞭打酷刑時，她咬牙挺了過來，拒絕承認自己欲殺昭信。但對於昭信而言，這一次王昭平必須得死，若是留她活口，那以後死的必然就是自己了。

於是，昭信又向劉去建議用針刺，很快得到採納，而且還是昭信帶著十幾名宮女一起，將燒紅的針刺進王昭平的身體。很快地，王昭平的身體成了一個流著血的篩子，她招架不住這樣的酷刑，最後被迫承認自己圖謀殺掉昭信。最終，在劉去的命令下，昭信親手用劍刺死了王昭平。

王昭平死後，為了震懾宮中的其他女人，昭信殺掉了服侍王昭平的兩名侍女，終於順利地當上了王后。但這個狠毒的女人依然覺得不夠，有一次，她又向劉去說自己夢到了王昭平，說她的鬼魂來找自己索命。此時的劉去已經被昭信迷得神魂顛倒，她說的任何話都一律相信，為了讓昭信不再受此困擾，同時也是在昭信的要求下，命人打開了王昭平的棺材，將其屍體切成碎片，把骨頭燒成灰——如此一來，王昭平的鬼魂沒了依附，就會完全消失在茫茫天地之中了。連對手死了都不放心，還要將之挫骨揚灰才心滿意足，昭信的狠毒已經顯露無遺，但此時還遠遠未達頂點。

◎無端殞命的陶望卿

俗話說得好：「打江山易，守江山難。」昭信坐上王后之位，絕對算是她人生的巔峰了，但巔峰之後呢？誰能保證不會出現第二個昭信呢？所以在成為王后的那一刻起，昭信又開始考慮如何清除掉自己周圍的隱患，好讓自己的王后大位坐得更加穩當，而經過一段時間的觀察之後，她發現了一個最大的潛在威脅：陶望卿。

陶望卿也是劉去的妃子之一，同時她還兼任王宮裡的一項職務，就是管理宮中的衣物、棉帛，以及胭脂等物品。事實上，陶望卿長得沒有昭信漂亮，但在敏感的昭信看來，陶望卿既然管理這些和女人打扮有關的東西，肯定也會趁職務之便把自己妝扮得更加好看，好讓劉去更青睞於她。在這樣莫名其妙的邏輯之下，陶望卿很快被昭信認定為頭號敵人。

確定好目標之後，昭信立刻發起了攻勢。她先是在劉去面前說陶望卿不把自己放在眼裡，一個普通的妃子竟然穿得比王后還華貴，又說陶望卿悄悄把那些上等的布料送給外人。劉去也不是傻子，一眼就看出了昭信的嫉妒之心，他當然不可能因為這樣的小事就將陶望卿治罪，因而對昭信報告的情況只是一笑置之。但不知怎麼回事，劉去又意味深長地說了一句：「但她要是和別人有姦情的話，我一定把她給烹煮了。」這句話讓原本已經失望的昭信一下子振奮起來，她明白該怎麼做了。

沒過多久，昭信在跟劉去耳鬢廝磨之時突然說道：「我聽說以前有畫工入宮來給陶望卿畫肖像時，她在身上塗了很多脂粉，還故意與畫工靠得很近，衣服也穿得很不規矩；另外，她還老是在窗口觀望某些進宮來辦事的年輕官員，看起來好像有姦情的樣子。」一聽到這些，劉去有些坐不住了，作為他的女人，可以驕橫也可以奢靡，但要是敢和別的男人有什麼瓜葛，絕對不能容忍。

不過，由於沒能抓到真憑實據，劉去最初也沒有特別處置陶望卿，只不過明顯冷落她許多。可僅僅讓陶望卿失寵，還遠遠沒能達到昭信的預期，只有陶望卿死了，結果才算圓滿。於是，昭信不久後又在劉去面前誣陷陶望卿，說她能隨口就說出某些官員的名字，甚至還知道某些官員家裡的棉被是什麼樣式，至於這些意味著什麼，劉去自然心知肚明。

很快地，昭信的計畫達成了，劉去不再疑慮陶望卿的所謂「姦情」是否屬實，直接帶領著昭信及一眾妃子來到陶望卿的住處，在扒光她的衣服之後，下令眾人一起用燒紅的鐵塊烙燙她的身體，隨之而來的是一陣陣駭人的慘叫聲，幾乎整個王宮的人都能聽到。

施用酷刑時，劉去不斷質問陶望卿為什麼要私通他人，卻不給她任何一點回話的機會。如此一來，陶望卿終於明白了自己的命運，當著眾人的面被扒掉衣服已經是很大的羞辱，而用烙鐵燙壞自己的皮膚，便意味著以後絕不可能重新獲得劉去的寵愛，再加上劉去毫無根據的質疑——這一切都表明了背後有人想要置她於死地，只是她到死也不知道這個人就是昭信。

深感絕望無助的陶望卿，再也無法忍受精神和肉體的雙重折磨，趁著眾人不注意時，跑到院子裡投井自盡了。不過，這樣的結果竟然還是沒能消弭昭信的恨意，她命人將陶望卿的屍體打撈起來，先是將其眼珠挖出，然後又削去了耳朵和鼻子，最後，也是最殘忍的，竟然將一根木樁釘入陶望卿屍體的私處。對於昭信的這些舉動，劉去不僅沒有阻止，反而在一旁擊掌叫好，可見在殘暴程度方面，這對夫妻也算得上是絕配了。

人殺了，而且死前死後都遭到如此大肆羞辱，昭信總該是滿意了吧？不，她又想起了之前夢到王昭平的事情，於是建議劉去把陶望卿的屍體煮了，好讓她的鬼魂不再來騷擾自己。

同樣心理極度變態的劉去欣然同意了這項提議，命人架起大鍋，在鍋中放入鎮邪的桃木灰和其他各種毒藥，將陶望卿的屍首煮到只剩一具森森白骨，而且在整個過程中，規定每個妃子必須全程觀看。

另外，不得不提的是，陶望卿還有一個妹妹陶都，二人是同時進宮的，為了消除遺患，昭信在不久之後又命人也將她殺掉了，極度寵愛昭信的劉去則對此顧若罔聞。

▲劉去聽信昭信的讒言，認定嬪妃陶望卿與外人私通，虐殺後更將其屍首烹煮，徒留森森白骨。

◎變本加厲的殘害

劉去可以失去一個王昭平，也可以失去一個陶望卿，但他永遠不會失去對女人的新鮮感。劉去依然最寵愛昭信，但他同時也會對其他女人產生興趣，而根據昭信的觀察，劉去的新寵是一個叫做榮愛的妃子，因為劉去有段時間不僅常常流連於榮愛的住處，而且幾乎每次喝酒時都會叫她來陪侍，對於敏感的昭信來說，這些可不是什麼好消息。

可能因為經歷了王昭平和陶望卿的事件，昭信對於自己的發言權已有了充分的信心，於是她在誹謗榮愛時不再用心編造具體事實，只是很篤定地向劉去說：「榮愛看人的眼神、走路的姿態都很不正常，很有可能是和別人有私情。」又是一次毫無根據的懷疑，但劉去似乎已經很相信昭信看人的眼光，所以毫不遲疑地衝進榮愛的住處，大聲質問她和誰私通，並且命人布置刑具準備拷打。而隨後趕到的昭信，則帶著愉悅的神情注視著正在發生的事情，她知道自己的獵物跑不掉了。

榮愛也曾目睹過王昭平和陶望卿的死亡，明白被昭信盯上的自己若能夠有個痛快的死法就已經很幸運了，於是趁人不備跑出門外想跳井自殺，沒想到昭信卻對於這一點早有準備，迅速命人將榮愛拉了上來。

沒有死成的榮愛，面對的是更加恐怖的折磨，劉去先是用灼燒到發燙的刀子剜出了榮愛的眼睛，接著又一點一點割掉她大腿上的肉，最令人髮指的，是將滾燙的鉛直接從榮愛的嘴巴灌入體內。榮愛淒厲的喊聲漸漸消失在王宮之中，她的屍體已經血肉模糊，但昭信依然親自將其肢解，扔到了野外的荊棘之中。

自此以後，劉去和昭信這對夫妻成了王宮中的魔鬼，任何和劉去走得比較近的女子，統統都逃不過昭信的魔爪，而早已喪失人性的劉去，也極樂於參與昭信對其他宮中女子的殘害。就這樣，僅僅是有記載的，死於昭信之手的女人就多達十四個之多，昭信的慾望、嫉妒，以及王后的寶座等，全都是由累累白骨所積累而成的。

◎殺人狂魔的結局

在古代中國人的觀念中，嫁出去的女兒就是潑出去的水，意指出嫁的女兒已經不再是自家成員，而是別人家的一份子，所以婚後女兒很少和娘家聯繫，若是某個女子嫁入了王宮，更是幾乎一輩子都不太可能再見到父母。當初劉去和昭信敢肆無忌憚地殺掉陶望卿兩姊妹，部分也是出於這個因素：反正都嫁進我劉家了，是死是活對方根本就不會過問。

然而，不巧的是，陶望卿姊妹死了很長一段時間後，兩人的母親由於久未聽到女兒的消息，竟然自己找上王府來，要求見見她們。劉去知道不可能掩蓋兩人的死訊，於是就告訴陶母，說兩姊妹生病暴斃了，但陶母還是要求親眼看到兩人的屍首，結果打開棺材後，妹妹陶都的屍體完好沒有問題，但姊姊陶望卿的屍體卻面目模糊，和陶母記憶中的女兒差別極大。

兩個女兒不明不白地死去，且其中一人的屍體明顯被替換過了，再加上之前早就聽過一些傳言，讓陶母更加確定女兒死得十分冤屈，於是在劉去的王府門口大聲哭喊。昭信見情況不妙，知道事情若鬧大就麻煩了，竟迅速地派人殺掉了陶母。

本以為殺了陶母滅口就能躲過一劫，但萬萬沒想到，官府其實早已注意到陶母為兩個女兒抱屈之事，並在陶母被殺之後拘捕了那個奉命滅口的人，審問後得知背後主使就是昭信。很快地，官府從這次陶母被殺的案件著手，廣川王府內曾經發生過的眾多驚天慘案，一件一件呈現在世人面前。

劉去的雙手雖然沾滿了鮮血，但當時的皇帝漢宣帝[2]礙於他皇室宗親的身分，並未將

2 漢宣帝（西元前九一～前四九年）名劉詢，漢武帝曾孫，西元前七四年至前四九年在位。

其斬首，而是判處他流放之罪，劉去最後在前往流放地的途中自殺。至於昭信，最後被斬首示眾，但當時每一個得知其罪行的人，都認為如此痛快地殺掉這名毒婦，實在是便宜了她，其罪孽之深重，就算千刀萬剮也不能平復那些死去的冤魂。

米拉・韓德麗——為情人虐殺兒童的納粹信徒

在英國第二大城市曼徹斯特（Manchester），一個名叫大衛・史密斯（David Smith）的青年剛回到家中，他的妻子就發現他神色不太對勁，想要問他原委時他又閉口不說。到了半夜，妻子迷迷糊糊醒來，發現史密斯依然醒著，而且表情慌張，她立刻起身追問到底發生了什麼事，直到這時史密斯才開口，說自己親眼目睹了一宗殺人案，而兇手還邀他第二天晚上一起去處理屍體。

妻子吃驚之餘，緊張地問史密斯是否涉入其中，得到否定的回答之後，她催促丈夫趕緊去報案。隨後，在曼徹斯特警局值夜班的警察接到了一通報案電話，聲稱有人殺人並準備棄屍，在簡單記錄下來電者的描述之後，警察看了一眼時間，那是一九六五年十月六日的清晨，時間剛過六點。之後，一個困擾了曼徹斯特警察和市民很久的恐怖謎團，終於漸漸露出了曙光。

◎畸形的童年

一切都要從一九四二年開始講起，第二次世界大戰[3]已經在歐洲開打，英國人鮑伯・韓德麗（Bob Hindley）在奔赴前線之前初為人父，他替自己的女兒取名為米拉・韓德麗（Myra Hindley）。在之後的三年裡，鮑伯・韓德麗先後去了法國、義大利和賽普勒斯（Cyprus），這期間，戰友們給他取了個外號叫「硬漢」，因為他無論做什麼事情都極其強硬，絲毫不願意做任何讓步。

如果對於自己的「硬漢」父親有什麼童年印象的話，韓德麗只會有兩個：酗酒，以及時常發生的毆打。

鮑伯・韓德麗在戰後生活很不如意，一

◎圖片來源：Ian Roberts, Wikimedia Commons

▲英國第二大城市曼徹斯特，在一九六〇年代曾爆發恐怖的連續殺人事件。

家人住的房子相當小，工資也不多，酒成為他唯一的愛好。每每喝到神志不清後，他就開始發洩自己心中的無名怒火，而當時只有六、七歲的韓德麗則成為這種怒火的受害者，經常被父親毒打。

在米拉眼中，喝醉之後的父親和一頭野獸沒有區別。

清醒時的鮑伯，對於女兒也未有憐愛。有一次，韓德麗哭著說有個男孩欺負她，身為父親的鮑伯反而責怪女兒太過軟弱，教育她要是被人欺負了，就要用拳頭打回去。

果然，米拉試著變得和父親一樣「強硬」後，竟然真的把那個男孩揍了一頓，而且從那以後沒再有人敢欺負她了。

就這樣，在她還只是個孩子的時候，韓德麗的性格就已經開始變得畸形：

她既是父親暴力的受害者，但同時也是一個施用暴力的人，從此開始使用暴力來解決各種問題。

3 第二次世界大戰始於一九三九年，結束於一九四五年，由德、義。日等法西斯主義國家發動的世界戰爭。

◎第一次的完美犯罪

從青年時期開始，韓德麗有過不少約會對象，但直到十八歲時，最令她迷戀的那個人才出現，這個人的名字叫伊恩・布雷迪（Ian Brady）。布雷迪比韓德麗大四歲，如果僅從外表來看，沒有人會發現他和韓德麗過去的交往對象有什麼不同，但只要稍微對這年輕人有點瞭解，就會知道他是一個有著犯罪記錄的人，而且都是一些涉及暴力的犯罪。

按照常理，沒有哪個女孩會和一個有犯罪記錄的人在一起，但韓德麗卻完全不同，每次伊恩・布雷迪講起他以往的犯罪經歷時，這個剛成年的女孩就會流露出崇拜的眼光。或許在她看來，能打架的男人才算有氣概，要是能用暴力犯罪，就更符合她對「男人」的定義了。

兩人約會期間，經常做的事情就是一起去看電影，電影內容自然是和暴力分不開的；伊恩・布雷迪還偷偷拿出一些宣揚納粹的書籍朗讀，書裡的內容讓韓德麗聽得眉飛色舞，她完全認同書中「雅利安人[4]血統最高貴」的觀點，為此還去把自己的頭髮染成了「高貴」的金色。

一九六三年七月的一天，布雷迪告訴韓德麗，他決定實施一次「完美的犯罪」，並且已做好詳細的計畫，但唯一有一點還不算完美，那就是他很難把「獵物」釣上鉤。他希望韓德麗能幫助自己把「獵物」引來，理由是韓德麗年輕、漂亮，而且是女性，任誰都不會對她有任何戒備。韓德麗對於男友的計畫感到興奮不已，她對於暴力的莫名熱愛，終於可以有真正施展的機會了。

七月十二日晚上，兩人約定好，韓德麗開車在前面尋找「獵物」，布雷迪則騎著摩托車跟隨其後，一旦韓德麗將「獵物」誘騙上車之後，就立刻帶到一個事先選定的沼澤地。

起初，兩人找尋了很長一段時間，布雷迪終於發現一個小女孩，覺得這是個很合適的「獵物」，於是開始向韓德麗發信號，要她行動。然而，韓德麗卻直接開車超過了那個女孩，沒有任何停下來的意思，等過了一段距離後，布雷迪追上前去詢問緣由，韓德麗才說那個女孩她認識，是鄰居的女兒，如果殺掉的話很快就會引起鄰居的懷疑，那麼這次犯罪也就「不完美」了。

車子再次開動，兩人重新開始尋找，但遇到的不是成年人就是老人，都不符合他們心

---

4 雅利安人（Aryan），納粹將北歐金髮碧眼的人定義為雅利安人，並宣揚其血統的優越，但實際上雅利安人是古代俄羅斯的一個民族。

中的標準。直到晚上八點多時，一名穿著淺藍色衣服、高跟鞋的女孩出現了。女孩非常年輕，而且隻身一人，各方面都符合布雷迪的條件，於是他再次對韓德麗發出信號。這次韓德麗心領神會，慢慢把車停到路邊，招手要那個女孩過來，說自己弄丟了一雙十分昂貴的手套，想請她幫忙一起找。

女孩的名字叫寶琳娜・瑞德（Pauline Reade），十六歲，那天正要去參加一個俱樂部的舞會，見到韓德麗很和善的樣子，而且還苦苦哀求，心想自己並不是很趕時間，於是答應幫她一起尋找，毫不猶豫地上了車。年輕的瑞德何曾想到，她上的其實是一輛死亡之車，這位看起來很和善的姊姊，其實正是要帶她走向死亡的魔鬼。

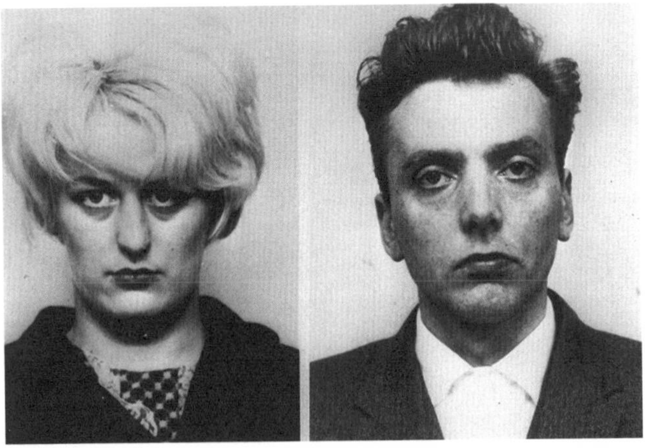

◎圖片來源：Wikimedia Commons

▲犯下連續謀殺案的恐怖惡魔情侶：米拉・韓德麗（左）和她的男友伊恩・布雷迪。

到達沼澤地後，布雷迪也跟了上來，向瑞德介紹自己是韓德麗的男友，也是來幫忙找手套的，然後三人一起向沼澤深處走去。不一會兒，韓德麗先返回停車的地方，又過了大概半小時後，布雷迪也回來了，並立刻帶著韓德麗去參觀他們共同的「傑作」：已經死亡的寶琳娜・瑞德。女孩在死前先是受到布雷迪的性侵，接著被鐵鍬活活打死，此時鮮血還在不斷地流淌著。

兩人將瑞德的屍體掩埋之後，韓德麗不僅沒有一點驚恐，反而誇讚男友的確做到了一次「完美」的犯罪，變得更加讓她崇拜。

◎魔鬼的邀請

寶琳娜・瑞德失蹤之後，她的家人很快就報警尋人，但是警察有很長一段時間都沒有發現任何線索，連目擊證人也無法找到，彷彿這女孩人間蒸發了一般。由於無法確認瑞德是否死亡，警方只能暫時將她列為失蹤人口。

一段時間後，見到一切都風平浪靜，布雷迪和韓德麗更加自豪於他們的犯罪手段，認為只要自己不失手，警察根本就抓不到。第一次成功殺人，替兩個已經心理扭曲的人帶來了巨大的成就感，於是他們很快開始了第二次的「獵殺」，而且決定依舊採用相同的模式，由韓德麗伸出魔鬼之手，把「獵物」拉入網中。

一九六三年十一月，在殺掉寶琳娜・瑞德四個月之後，一輛小貨車和一部摩托車再次上路了，開著小貨車的韓德麗沒花多久的時間就鎖定了一個目標：十二歲的約翰・基爾布賴德（John Kilbride）。

這是一個皮膚白皙但個子稍矮的男孩，不知為什麼獨自一人出現在商場的門口，在確定他既不是和家人走失，也沒有在等人之後，韓德麗主動提出送這個男孩一程，告訴他這樣才能早點回家，不讓家人擔心。見到男孩沒有立刻答應，韓德麗又說路過自己家時可以請他喝一杯雪麗酒。這兩個條件加在一起，終於讓基爾布賴德動了心，滿心歡喜地上了韓德麗的車。

車子開沒多久，韓德麗說自己家就在附近，不過她的一雙珍貴的手套丟了，希望基爾布賴德能幫她找一下。天真的男孩當然沒有什麼理由拒絕，跟著韓德麗走進了一片沼澤，然而就在不遠處，布雷迪也停下了摩托車，不急不徐地跟在二人後面。

和寶琳娜・瑞德一樣，基爾布賴德踏進了自己的墳墓。布雷迪對他進行了瘋狂的性侵，荒蕪的沼澤地裡沒有任何人能聽到這個小男孩的慘叫——除了韓德麗。她聽到了，但她很享受這彷彿來自地獄的淒厲呼喊，一邊抽著菸，一邊悠閒地在汽車旁等待。

大約半小時之後，布雷迪拖著基爾布賴德的屍體走了出來，男孩的脖子被一條鞋帶勒出血痕，但致命傷是脖子另外一處的刀傷。韓德麗熟練地拿出事先準備好的工具，和男友一起掩埋基爾布賴德的屍體，然後兩人擁抱、親吻，慶祝他們又一次的「完美犯罪」。

半年之後，一九六四年六月，幾乎是以一模一樣的方式，又一個男孩落入了這對魔鬼情侶手中。男孩的名字叫齊斯•班奈特（Keith Bennett），年齡同樣是十二歲，韓德麗的藉口也沒有絲毫改變：自己有一雙很昂貴的手套落在某個沼澤地。班奈特在被勒死前同樣遭到布雷迪的性侵，最後和之前兩個可憐的孩子一樣，被埋在深深的沼澤地裡。

◎從幫兇到殺手

三個未成年的孩子一年之內無端消失，而且完全沒有任何音訊，這讓整個曼徹斯特都陷入了嚴重的焦慮。人們開始擔心自己的孩子會不會在某一天也突然不見，警方的壓力與日俱增，但依然沒有任何可靠的線索出現。而這樣的局面正好是布雷迪和韓德麗所盼望的，因為這正好證明了他們計畫的周密，也滿足了他們嗜血而變態的愛好。

連殺三個孩子之後依舊能逍遙自在，韓德麗也開始變得躍躍欲試，想要親自體驗一下殺人的感覺。於是在時隔半年之後，兩人決定再次進行「獵殺」，目標仍舊是那些天真可愛卻又不諳世事的孩子。

一九六四年十二月二十六日，耶誕節剛過，街上依然洋溢著濃濃的節日氣氛，布雷迪和韓德麗開著車在一座遊樂場遊蕩，有個小男孩進入了他們的視線範圍：他獨自一人站在那兒，神情既不緊張也不著急，似乎並不是在等人，周圍好像也沒看到有家人跟著。

韓德麗下車之後並沒有直接走向男孩，而是做了一番精心準備：她抱了一大堆東西慢慢接近男孩身邊，假裝手裡的東西突然掉在地上，之後邊撿東西邊請男孩幫忙。在交談中，韓德麗確認了之前的猜測，男孩的確是一個人，沒有大人跟著他，他的名字叫萊斯里・安・道尼（Lesley Ann Downey），四天前才剛過完十歲生日。

在萊斯里幫忙將東西全部撿起放回車上之後，韓德麗又向男孩提了另外一個請求：能不能陪她把東西運回家，她一個人搬來搬去實在太費力了。或許是韓德麗有著超強的洞察力，又或者是曼徹斯特的小孩們全都充滿了助人之心，總之，萊斯里幾乎沒有考慮就答應了請求，坐上了韓德麗的小貨車。

這一次，車子沒有再駛向沼澤地，布雷迪也沒有騎著摩托車跟在後面——他並非不打算參與這次兇殺，其實他正待在家中，準備著各式各樣的工具，等著韓德麗把「獵物」帶回家。

一切如兩人事先的安排：韓德麗把萊斯里帶回家後，布雷迪性侵了男孩，還逼迫男孩脫光全部衣服，拍下各種猥褻照片。等到布雷迪心滿意足之後，韓德麗把男孩帶到浴室，說要幫他洗澡然後放他回家，然而就在浴缸裡，這個惡魔般的女人用一條繩索勒死了萊斯里——韓德麗終於完成了自己的願望：親手殺人。此刻，她也從一個幫兇，蛻變成手上沾染鮮血的殺人犯。

也許是覺得那片沼澤是他們的「福地」，讓他們的罪惡一直沒被發現，於

◎圖片來源：Parrot of Doom, Wikimedia Commons

▲米拉・韓德麗與男友伊恩・布雷迪埋屍的沼澤區Saddleworth Moor。

是布雷迪和韓德麗又把這個十歲小男孩的屍體帶到了沼澤地，熟練地挖坑、掩埋、離開，又一次「完美犯罪」順利結束。

◎滔天罪惡大白天下

回到開頭提到的史密斯，這個十七歲的青年其實是韓德麗的妹夫。韓德麗不是很喜歡他，但布雷迪倒是和這個小伙子很合得來，經常一起喝酒聊天，而且彼此都很信任對方。這讓韓德麗頗為擔心，生怕布雷迪哪天把殺人的事情說溜了嘴，不過隨著時間推移，好像也沒有出現什麼危險的跡象，布雷迪也就愈來愈把史密斯當成能信賴的朋友。

時間來到一九六五年十月五日，已經沉潛許久的布雷迪和韓德麗，體內的嗜血因子又開始蠢蠢欲動。在殘殺了四個青少年之後，他們決定提升一下挑戰的難度，選擇了一名工廠學徒做為目標，也就是十七歲的艾德華‧伊凡（Edward Evans）。

伊凡不同於以往所有的「獵物」，他個頭很高，而且也比較強壯，但他的弱點也是致命的，就是太輕信別人。

這次出手誘捕獵物的是布雷迪，他在火車站遇到伊凡後，熱情地邀請他回家去喝一杯，而且順利得手。可能是對於伊凡的強壯有所擔心，布雷迪事先要韓德麗叫來史密斯，不過並沒有告訴他會發生什麼事，只是讓他在屋外等候信號。

等待了大概半小時之後，韓德麗叫史密斯進屋，先是把他帶到廚房，說要幫他拿瓶啤酒。而就在此時，外屋的客廳裡傳來一陣慘叫，接著就是激烈的打鬥聲，等到史密斯衝過去時，見到了恐怖的場景：布雷迪正用斧頭猛烈地砍向伊凡，伊凡倒在地上早已沒有了呼吸。

直到此時，布雷迪還保持著鎮定，轉向史密斯，告訴他明天晚上這個時候再過來，陪他一起去把屍體處理掉。見到這血腥一幕的史密斯自然趕緊答應下來，接著失魂落魄地回到了家中。再之後，就出現了開頭時的那一幕，史密斯選擇了報警。

第二天，警察來到韓德麗和布雷迪的家中，很快就找到了艾德華・伊凡的屍體，並立刻將二人逮捕。在兩人的供述下，警方在沼澤地找到了萊斯里・安・道尼和約翰・基爾布賴德的屍體，法院也據此對兩人判處終身監禁。

直到二十年後的一九八五年，布雷迪才又說出殺害另外兩個孩子的事情，至此，發生在一九六〇年代曼徹斯特的青少年失蹤案終於宣告偵破。韓德麗和布雷迪兩人一共殺害了五名未成年人，而且每次的手段都殘忍得令人髮指。

韓德麗後來在獄中也承認，她的罪惡要大於布雷迪，因為沒有她的幫助，布雷迪根本不可能接近那些孩子，而英國媒體也將其稱為「史上最兇殘的連環女殺手」。二〇〇二年，已經在牢裡度過了三十七年光陰的韓德麗死於突發性心臟病，結束了罪惡的一生。

維拉・蘭吉——用情人屍首填滿酒窖的扭曲惡婦

一九七〇年代，由英國出版的《金氏世界紀錄大全》（*Guinness Record*）[5]想確認二十世紀殺人最多的女性，有人向編輯委員會推薦了一名羅馬尼亞女人，聲稱死於其手的人數保守估計至少三十五個，而且全都是她獨自一人犯案。

但是，當《金氏世界紀錄大權》的工作人員去到羅馬尼亞調查之後，卻以沒有官方證據為由，無法認定這項恐怖的記錄，不過這絲毫不影響羅馬尼亞民眾將那個女人認定為該國史上第一的女殺手，她就是維拉・蘭吉（Vera Renczi）。

◎桀驁不馴的青少年

關於蘭吉的出生時間有許多版本，但是最

▲被稱為羅馬尼亞「第一女殺手」的維拉・蘭吉，殺害人命之多令人咋舌，甚至因此差點列入金氏世界紀錄。

5 《金氏世界紀錄大全》，一九五一年出版於英國，一系列記錄各式各樣世界紀錄的書籍。

6 布加勒斯特為羅馬尼亞首都及最大城市，位於羅馬尼亞東部平原地區。

被大眾認可的年份是一九〇三年。

這一年，她出生於羅馬尼亞的首都布加勒斯特（Bucharest）[6]。

十三歲是蘭吉的人生轉捩點，母親因病去世後，父親也不再給她足夠的關心，反而將她送到完全託管的寄宿學校。沒有任何親人在身邊的蘭吉，在入學一段時間後性格發生了極大的變化——首先開始變得不服管教，無論學校的老師還是偶爾出現的父親，都拿她一點辦法也沒有；其次是蘭吉開始不斷交往異性，男友一個換過一個，而且這些男友都有一個共同特點：全是比蘭吉年長二、三十歲的老男人。根據同學的描述，蘭吉對於異性的陪伴有著近乎瘋狂的迷戀，已經到了一刻都不能少的地步。

就這樣，在一批又一批男友的陪伴下，蘭吉度過了她的青少年時期，而男人也成為了她生活中的必需品，這一點直到她死都沒有改變過。

◎膨脹成惡魔的佔有慾

客觀來說，蘭吉能受到那麼多男人的青睞，和她出眾的外表必然有關，也正因如此，她結婚的過程顯得頗為順利。

二十歲時，蘭吉嫁給了一位來自奧地利的銀行家卡爾・薛克（Karl Schick），儘管他比蘭吉年長很多，幾乎都可以做她的父親，但在外人看來，這場婚姻中獲益更多的依然是蘭吉，因為她從此可以過著貴婦般的優渥生活。

在最初幾年，這段婚姻的確可以稱得上完美，薛克有錢有權，蘭吉則年輕貌美，而且還生了一個兒子。然而問題也隨之而來，作為銀行家的薛克，每天都有非常多的交際活動，商業會談、私人宴請、慶祝舞會等。一開始，薛克總是頻繁地帶著蘭吉出席名種活動，但時間久了之後，蘭吉發現丈夫有時會自己單獨出席，連問都不會問自己一聲，這

◎圖片來源：Wikimedia Commons

▲羅馬尼亞首都布加勒斯特風景如畫，卻因維拉・蘭吉的連續殺人案而蒙上陰影（攝於1940年）

讓蘭吉十分鬱悶。

有一次，蘭吉終於忍不住向薛克發問，想知道為什麼減少了帶自己出席社交活動的次數，得到的答覆是：有些活動全是男人參加，比如政界的活動或是商業談判，所以不太適合帶她去。從那以後，不管蘭吉怎麼問，薛克的回答都沒有任何變化，而且繼續常常一個人早出晚歸，甚至有時候徹夜不歸。

在過往的經歷中，無論和什麼樣的男人交往，最後提出分手的都是蘭吉，她從來沒有一次是被男人拋棄的，每次都是她先提出分手，而男人則對她苦苦哀求。然而在這段婚姻中，薛克的態度讓蘭吉第一次深深體會到被拋棄的感覺，加上薛克的日常行為更讓蘭吉認定丈夫在外面有了別的女人。

一想到有其他女人和自己分享丈夫，一想到自己如此貌美，竟然還不能完全佔有一個男人，蘭吉心中生起了無窮的怒火。思考了一段時間後，她覺得想要撲滅自己內心的妒火，只有殺掉薛克。

一天晚上，蘭吉支開了家裡所有的僕人，親自為薛克做了一頓晚餐，吃飯時還頻頻為丈夫斟酒。薛克這天晚上心情也頗為愉快，因為妻子不再像以往那樣無理取鬧，甚至還表現得十分乖巧。

不過，吃過這頓愉快的晚餐後沒多久，薛克就感到一陣難以忍受的腹痛，很快口吐白沫，性命垂危。此時除了蘭吉以外，沒有任何人在場，但她並沒有採取任何行動，反而平靜地看著自己的丈夫一點一點地死去。其實，薛克的死正是蘭吉所精心策劃：在酒中放入了劇毒砒霜。

等到薛克完全停止呼吸後，蘭吉獨自將屍體拖進了一個祕密酒窖，並放進一口事先準備好的棺材。

薛克的消失自然會引起周圍人的疑問，但當大家向蘭吉問起這位銀行家的行蹤時，她只是哭哭啼啼地說自己被丈夫拋棄了，他根本不想再見到自己，所以去了一個沒人知道的地方。由於找不到薛克的

▲維拉・蘭吉因愛生怨，認定世上沒有男人會對女人忠誠，因此心態扭曲，對交往過的情人痛下殺手，藏屍地下酒窖。

下落，警察也不能確認他已經死去，所以只能將其列為失蹤人口。

就這樣過了一年之後，蘭吉聲稱自己聽說丈夫在某個地方車禍身亡，但至於這個地方在哪兒，自己不知道，也不想知道，因為她已經完全不關心這個「拋棄了自己的人」。

◎冷血殺手

在聲稱聽到薛克的車禍消息後不久，蘭吉再次結婚，對方是一個和她年紀差不多的男人。相比於第一段婚姻，蘭吉和第二任丈夫之間的問題來得更快，而且依然是老問題：蘭吉懷疑丈夫和別的女人有染。

其實，蘭吉並沒有任何確鑿的證據，只是覺得丈夫對待自己的態度沒以前那麼好，但這是蘭吉最不能容忍的。她不再像第一段婚姻時那樣，先追問丈夫原因，而是直接採取了自己認為正確的手段。

結婚不到六個月後，蘭吉的第二任丈夫同樣也消失了。蘭吉再次聲稱自己被人拋棄了，而且過了一年後，蘭吉說丈夫寄了一封信給她，表示永遠也不想再見到她。

蘭吉的丈夫的確「永遠」也見不到她了，因為他已經躺在酒窖中的一副棺材裡，而旁邊就是薛克的棺材。和薛克一樣，蘭吉第二任丈夫同樣死於她悄悄投下的砒霜。

第二段婚姻結束後，蘭吉似乎對結婚這件事情完全失去興趣，再次回到年輕時的感情狀態：不斷地換男友。彷彿是為了報復一般，蘭吉所交往的男友中有不少都是有婦之夫，而這些男人還有另外一個共同的特點，那就是在和蘭吉交往之後，統統人間蒸發般地消失了，多則一、兩個月，少則一、兩週——甚至有人只和蘭吉約會了幾天，就再也沒有出現過了。

當這些男人一個一個消失的時候，蘭吉的酒窖開始變得愈來愈擁擠，棺材的數量也變得愈來愈多——是的，裡面躺著的全是蘭吉的男友們。

經歷兩段婚姻之後，蘭吉對於男人的態度變得愈來愈極端，在她看來，沒有一個男人會保持忠誠，遲早都有背叛她的那一天。正因為這樣的態度，與之後歷任男友交往的過程中，他們任何一個微小的舉動，或者任

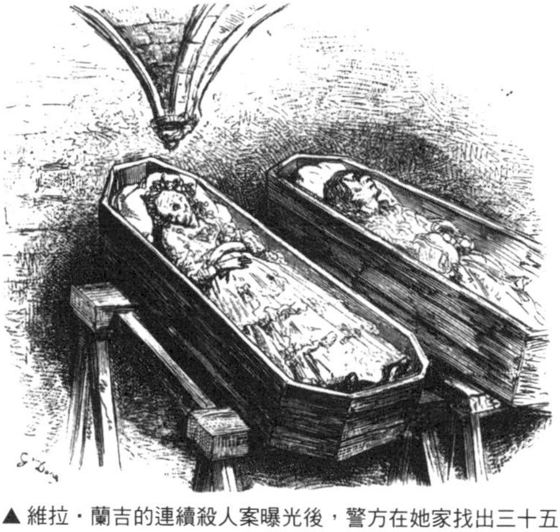

▲維拉・蘭吉的連續殺人案曝光後，警方在她家找出三十五副棺材，除了兩任丈夫與歷任情人外，其中亦躺著她的親生兒子。

何細微的態度變化，都會被蘭吉認定為不忠的表現，而等待這些男人的結果無一例外，都是砒霜。更恐怖的是，蘭吉幾乎完全成了一個殺手，專挑那些看起來風流無度的男人交往，而交往的唯一目的就是毒殺對方。

有一次，當蘭吉的兒子來探望她時，偶然發現了酒窖裡的祕密，驚恐之餘表示要報警。蘭吉並不慌張，也沒有哀求兒子不要告發，甚至完全沒有解釋這些棺材到底是怎麼回事，只是平靜地遞給了兒子一杯下了砒霜的水。

最後的結果是，蘭吉懷抱著全身因中毒而抽搐的兒子，緊緊捂住他的嘴，面無表情地看著他死去。到此時，蘭吉已經在殺戮中喪失了最後一絲人性，以至於連自己最親近的人也不放過。

◎事跡敗露

一天晚上，蘭吉又帶著新男友回到自己的住處，這是一個已經有老婆的男人，他的結局沒有任何意外插曲，喝下蘭吉倒給他的毒酒後，成了酒窖裡第三十五副棺材的主人。不過，出乎蘭吉意料的，這個男人的妻子其實早已懷疑丈夫出軌，並在那天悄悄跟蹤丈夫到了蘭吉家，本想著等丈夫回來之後再徹底質問，但好幾天過去了，丈夫卻沒有回來，憤怒的妻子直接報了警。

警察到了蘭吉家後，立即展開調查，最後發現了蘭吉家的酒窖擺滿了棺材，數量一共有三十五副，裡面都是腐爛程度不一的男性屍體。在鐵一般的證據前，蘭吉不得不承認了自己的罪行——這三十五個男人全都是她以砒霜毒殺的，其中包括兩任丈夫、一個兒子，以及多達三十二個情人。這三十五人的謀殺，前後大約花了八年間完成，其中有的屍體由於已經腐爛太久，甚至已經露出了白骨。

關於蘭吉的結局，羅馬尼亞從來沒有任何官方的記載，只知道自從她的恐怖酒窖被發現以後，她便從此銷聲匿跡。有傳言說，官方顧慮到案情過於殘忍，公諸於眾會引發不好的社會影響，於是將蘭吉祕密處決，也有人認為蘭吉最後是在獄中自殺，但不管如何，這都不影響蘭吉在羅馬尼亞「第一女殺手」的頭銜。

黛安・道恩斯——為討好情人竟射殺親生子的無情狠婦

一九八三年五月十九日，美國奧勒岡州Cottage Grove市一條略微偏僻的鄉村公路上，一輛汽車慢慢停靠路邊，裡面坐著一名母親和她的三個孩子，看起來車子似乎出了些問題。但令人驚訝的是，車內忽然傳來了一陣連續槍響，鮮血頓時濺滿車內，前後擋風玻璃也瞬間變成紅色，這時汽車又再次開動了。

一個多小時後，這輛滿是鮮血的車出現在醫院門口，醫生發現車上的三個孩子都遭受到嚴重的槍傷，雖然他們到達醫院時都還有呼吸，但是在經過搶救之後，其中的一個孩子依然沒能救活，另外兩人則一個全身癱瘓，一個陷入昏迷。

警察隨後也趕到醫院，可是當他們見到黛安・道恩斯（Diane Downs）時，卻有些出乎預料：這位母親雖然手臂中槍，但情況卻和三個孩子不同，身上幾乎沒有什麼血跡，而且她也表現得相對平靜，完全沒有因為自己孩子的傷勢而顯得慌亂。

道恩斯對於整個過程的描述也讓警察心中的懷疑更增加了幾分，道恩斯聲稱他們遭到陌生人搶劫，正是劫匪向她和她的孩子開槍射擊。如果是普通人面對如此恐怖的景象，早就嚇得魂飛魄散了，可是道恩斯不僅不急不徐地講述事情經過，還在到達醫院後先打了電話給一個叫羅勃・尼克波可（Robert Knickerbocker）的男人——他是道恩斯的祕密情人。

在後來的調查中，警察又發現了一個十分可疑的情況，有目擊者指出，道恩斯開車去醫院的時候速度慢得有些詭異，完全不像車上有人中槍需要搶救的樣子。即便如此，道恩斯依然堅稱是遭到搶劫，由於案發現場沒有任何其他的直接目擊者，警方一時也無法斷定道恩斯有什麼問題，直到幾天之後，道恩斯昏迷的女兒克莉斯汀（Christie）甦醒過來，真相才就此浮出檯面。

◎圖片來源：Wikimedia Commons

▲ 黛安・道恩斯謊稱自己與女兒在奧勒岡州的Springfield公路上遭歹徒槍擊，無奈地點偏僻，人煙罕至，警方苦尋不著目擊證人提供有力證據。

根據克莉斯汀回憶，母親把她們三姊妹帶出門，說要去郊遊，但是當車開到一半的時候，母親突然把車停到路邊，隨後從車內的置物箱裡取出一把手槍，先朝兩個姊姊開槍，最後對她開槍。在克莉斯汀昏迷過去之前，她還看到母親朝著自己的手臂開了一槍。事實上，在之後的法庭審判中，克莉斯汀的這份證言成為最關鍵的證據。

原來，道恩斯早在幾年前已離婚，目的是為了能跟情人羅勃羅勃・尼克波可在一起，但是道恩斯依然面臨著兩個障礙：首先是尼克波可已有家室，其次就是尼克波可曾經很明確地表示過，他很不喜歡孩子，希望一輩子都不要有孩子。道恩斯原以為自己離婚之後會感動情人，然而尼克波可卻還是嫌棄道恩斯的三個孩子是累贅。

情人的態度讓道恩斯相當沮喪，離婚對於她來說已經是很大的犧牲，卻還是不能達成與情人長相廝守的心願。隨著時間推移，道恩

◎圖片來源：Wikimedia Commons

▲為了與情人長相廝守，黛安・道恩斯不惜槍殺與前夫所生的三個女兒，並且朝自己手臂開槍，故佈疑陣。

斯將憤怒轉移到自己的三個孩子身上，將她們看成阻擋自己奔向情人、奔向美好生活的最大障礙。

在經過反覆地考慮之後，道恩斯認定，只有讓三個孩子永遠消失，尼克波可才能接受自己。於是，被所謂的「愛」沖昏頭的道恩斯，最終將槍口對準了自己的孩子。

諷刺的是，當喪心病狂對三個孩子開槍射擊後的道恩斯在醫院打電話給尼克波可，像報喜一樣說孩子「已經被處理掉」時，對方的回應卻是「瘋子！」——顯然，這世上沒有人會願意和一個瘋子結婚。

最終，這個瘋子被判處了終身監禁，而且永遠不能保釋。

CHAPTER 4

心魔滋長的極惡之靈

瑪麗一世&伊莉莎白．巴托利——傳說中殘虐的血腥瑪麗

現在提起血腥瑪麗，大部分的人首先都會想到一款主要由伏特加、番茄汁、檸檬片、芹菜根混合製成的雞尾酒，因其顏色看起來像人的血液，因而有了「血腥瑪麗」這樣的稱號，但事實上，這名字可是有歷史淵源的，而且全都來自於歐洲。

原來，被稱為血腥瑪麗，且有證可查者，就超過五十人，但若論影響力與血腥程度，最廣為人知的有兩個，分別是：瑪麗一世（Mary I）和伊莉莎白・巴托利（Elizabeth Bathory）。

◎瑪麗一世：不被待見的公主

瑪麗一世曾是英國女王，這位女王一生充滿傳奇，但在講她的故事前，要先來說說英國這個國家。

◎圖片來源：Wikimedia Commons

▲ 英國國王亨利八世因政教問題與天主教廷決裂。

兩千多年前基督教誕生之後不久，就開始了內部派系的分裂[1]，到瑪麗一世生活的十六世紀時，歐洲大陸的主要政教大權皆掌握在天主教手中，而新教則在英國佔據統治地位，這兩派都將對方視為異教徒，關係之緊繃可謂水火不容，且這兩派有一個顯著區別：天主教聽命於羅馬教廷[2]，新教則以自己的主教為最高宗教領袖。

◎圖片來源：Wikimedia Commons

▲英國國王亨利八世的第一任妻子凱薩琳因未能生下男性繼承人而被迫離婚。

其實，直到一五三三年之前，英國都還是天主教國家，當時的國王亨利八世（Henry VIII）[3]有個很大的煩惱：他的王后凱薩琳（Catherine）[4]為他生了六個孩子（其中包括瑪麗一世），卻都是女兒，沒有兒子，二人之間因此產生了很大矛盾。

以「不能生下男性繼承人」為理由，亨利八世要求和凱薩琳離婚，不過這件事卻不是亨利八世說了算，由於他的婚姻大事需經過羅馬教皇批准，所以離婚也同樣要教皇點頭。然而，凱薩琳是教皇的姑媽，當姪兒的肯定不會做出不利於自家人的決定，離婚這事便一直僵持著。

亨利八世的離婚案，看似一件皇室的內部紛爭，事實上，亨利八世早已厭倦教皇過度插手英國內政，非常希望和羅馬教廷決裂，這次離婚案只是一個導火線而已。

最後，一五三三年，亨利八世宣布立新教為國教，不再信奉天主教，並強行和凱薩琳離婚，娶了另外一個宮女為王后，兩人生下一女，即是之後大名鼎鼎的伊莉莎白女王[5]。隨著自己的母親凱薩琳失去王后桂冠，瑪麗一世也被宣布為「私生女」，一切皇宮中所享有的特權全部消失，甚至還要像宮女一樣去服侍自己的妹妹伊莉莎白。

---

1 因為在教義和儀式等等方面的分歧，基督教分裂為天主教、新教和東正教三個不同的宗派。
2 羅馬教廷是天主教的最高權力機構，駐地在梵蒂岡，其首腦為教皇。
3 亨利八世（1491-1547），英國都鐸王朝第二任君主，一五〇九年至一五四七年在位。
4 凱薩琳（1520-1542），亨利八世第五任妻子。
5 伊莉莎白（1533-1603），即為伊莉莎白一世，英國都鐸王朝最後一位君主，一五五八年至一六〇三年在位，在位期間英國成為世界最強大國家

◎圖片來源：Wikimedia Commons

▲英國女王瑪麗一世登基前，曾因母親凱薩琳失去王后地位，一夕之間從公主淪為宮女，埋下日後屠殺報復的種子。

在一五三三這一年，瑪麗一世正值青春年華的十七歲，她卻面臨了人生的重大轉折：自己突然從公主變成私生女，母親也失去了所有尊貴的身分，更值得一提的是，她從小接受的都是天主教教育，但天主教徒卻在一夜之間成為異教徒——簡單來說，瑪麗一世在極短的時間內，就在身分和信仰上成了一個「不受歡迎的人」，而這種不受歡迎的程度，是外人難以想像的。

◎為童年缺憾而瘋狂報復

亨利八世死後，他的兒子愛德華六世[6]短暫繼位，但不久後死於肺炎。就在這時，英國的天主教徒們認為機會來了，他們知道瑪麗一世也是虔誠的天主教徒，於是支持她發動政變，將原本皇室指定的繼承人珍・葛雷（Jane Grey）[7]郡主囚禁起來。一五五三年，三十七歲的瑪麗一世在倫敦加冕成為英國女王，這讓許多新教徒感到極度不安，後來事實證

6 愛德華六世（1537-1553），亨利八世之子，英國都鐸王朝第三任君主，西元一五四七年至一五五三年在位。
7 珍．葛雷（1537-1554），英王亨利八世的妹妹，英國女王，西元一五五三至一五五四年在位。

明他們的預感是對的。

當初，宣布亨利八世和凱薩琳婚姻無效，並認定瑪麗一世是私生女的，是一位叫托瑪斯·克蘭麥（Thomas Cranmer）的大主教，瑪麗一世在當政之後所做的第一件事，就是將他逮捕。同時被逮捕的還有許多其他新教徒，但仍給予他們機會，只要改宗信仰重新成為天主教徒，就能免去死罪（許多人也的確這樣做了），但是，克蘭麥則是直接被判處火刑。

◎圖片來源：Wikimedia Commons

▲宣布亨利八世和凱薩琳婚姻無效，並認定瑪麗一世是私生女的的大主教托瑪斯·克蘭麥最後慘遭火刑處死。

所謂火刑，自然和火有關，但卻絕非只是將人燒死那麼簡單，而是和中國古代的「炮烙之刑」很相似，即將人捆綁在銅柱上，在銅柱下端點起大火，不斷加熱銅柱，直到其溫度高得冒煙。此時綁在上面的人早已被燙得面目全非，皮肉被燙焦的氣味彌漫整座刑場，甚至連肉都被燒得消失，露出裡面的白骨，在這樣令人毛骨悚然的刑罰中，很難說分辨犯人到底是被火燒死的，還是被銅柱燙死的。

當克蘭麥受刑時，瑪麗一世端坐在刑場最高處，以俯視的姿態觀看全程。還有傳說她邊喝酒邊觀看，待行刑結束後，唇齒之間也全是紅色的酒液，彷彿剛剛吃下了自己期待已久的獵物。

令人意想不到的是，在見到克蘭麥受到如此慘絕人寰的刑罰之後，可能是被克蘭麥獻身信仰而感動震撼，許多原本已經為了求生而

◎圖片來源：Wikimedia Commons

▲珍．葛雷郡主為亨利八世的妹妹，被瑪麗一世認定密謀竄位，被祕密處死於倫敦塔內。

改變信仰的新教徒，紛紛又放棄天主教，回歸新教。同時，民間的新教徒們依然大肆宣傳瑪麗一世是私生女，根本沒資格坐上王座，甚至說她連私生女都不是，是歐洲大陸來的女巫，目的就是要毀滅英國。面對這樣的局面，瑪麗一世內心的仇恨再也掩蓋不住，徹底釋放了。

首先，瑪麗一世最擔心的就是皇室內部的人密謀篡位，而其中可能性最大的，就是之前提過的珍・葛雷郡主，她是亨利八世的妹妹，從輩分上說，珍・葛雷是瑪麗一世的姑媽，而且這時她已被囚禁在倫敦塔[8]內，但這並不能讓瑪麗一世放心。瑪麗一世先是將珍・葛雷

◎圖片來源：Wikimedia Commons

▲倫敦塔曾被作為皇室監獄來關押上層階級的囚犯，充滿血腥，冤魂無數。

的丈夫公開處決，還故意讓她看到丈夫的無頭屍體被運回，這時珍・葛雷已明白了自己的命運。不久，瑪麗一世又下令將珍・葛雷斬首，但為了避免別人批評自己屠戮親人，便在倫敦塔內進行祕密處決。

連自己的親姑媽都不放過，可想而知，英國境內的新教徒們自然更是厄運難逃。新教徒在聽到消息之後，其中大約八百多位較富有的立刻逃出了英國，剩下的新教徒所面臨的，除了火刑就是斬首，幾乎每天都有新教徒在公開場合喪命，淒厲的呼喊和慘叫回蕩在整個倫敦城上空。

瑪麗一世所發起的這場對新教徒的大屠殺，持續的時間不算特別長，但僅僅用酷刑公開處決的新教徒就超過了三百人——在城市中心每天都有人死亡，他們的血染紅了街道，人肉被燒焦的味道彌漫在空氣中，這種情景在現代社會是不可想像的，但在四百多年前的倫敦，卻成為市民的日常風景之一。

隨著時間推移，新教徒們死的死，逃的逃，僥倖留下來的也將自己的信仰隱藏起來，

---

8 倫敦塔（London Tower），英國著名景點，歷史上曾經被做為堡壘、軍械庫、國庫、鑄幣廠、宮殿、天文臺、避難所等，之後還被作為監獄來關押上層階級的囚犯。

英國重新成為一個天主教國家，瑪麗一世這才停止了殺戮。在統治英國五年後，瑪麗一世因病逝世，同父異母的妹妹伊莉莎白一世繼位，新教再度恢復了國教的地位。也是從那時候開始，因為瑪麗一世幾乎是英國史上屠殺平民最多的一位君主，民眾便給了瑪麗一世「血腥瑪麗」（bloody mary）的稱號。

◎伊莉莎白・巴托利

巴托利家族是中世紀時期匈牙利一個十分顯赫的家族，其勢力範圍不僅遍布整個匈牙利，甚至還有一位波蘭國王擁有巴托利家的血統，而根據後來歷史學家的推斷，巴托利家族的財富可能比匈牙利國王還多。

一五六〇年，一個女嬰降生在這個家族，取名為伊莉莎白・巴托利。從呱呱墜地的那一刻起，伊莉莎白・巴托利就被一大群僕人所包圍，享盡各種寵愛，凡是她想要的東西，沒有得不到的——生在這樣顯貴之家的孩子而言也算不上稀奇，但是伊莉莎白・巴托利在某些方面的表現卻有些異常，譬如她從小就顯得比較神經質，很容易暴怒，有時又會忽然久久不發一言，嚴重的時候甚至還會出現癲癇症狀，充滿了暴力傾向。

其實，伊莉莎白・巴托利這種病態的表現，在歐洲的貴族和皇室中並不罕見，從現代醫學角度來看是有其內在原因的：中世紀時期的歐洲，各個國家的王室和貴族為了保證其血統的純正高貴，往往只和王室及貴族成員通婚，因此結婚對象的選擇範圍很窄，結婚的兩人很可能有著非常相近的親緣關係，這意味著近親結婚成為常態，後代出現遺傳病的機率也大大上升。

就這樣，十五歲時，伊莉莎白嫁給了戰鬥英雄費倫茨・納達斯迪（Ferenc Nádasdy）伯爵，這本來是一樁門當戶對的婚姻，婚禮排場也很豪華氣派，但婚後的伊莉莎白卻過得不幸福，因為身為「戰鬥英雄」的丈夫常年都在外征戰，經常一年到頭都不在家，這讓她的生活變得十分無聊，並漸漸滋生出一些恐怖的念頭。

◎圖片來源：Wikimedia Commons

▲伊莉莎白・巴托利的丈夫，
戰鬥英雄費倫茨・納達斯迪伯爵。

最初，家中的僕人若犯錯，伊莉莎白因為太閒，所以都會親自懲罰，開始時只是責罵，後來竟從中找到某種發洩情緒的出口，漸漸地加重為體罰，且體罰僕人的過程會讓伊莉莎白變得異常興奮，她也將生活中的大部分精力用來研究怎麼體罰僕人。

伊莉莎白最早的發明，是讓僕人的腳趾綁上油紙點燃，人的腳邊會閃出許多火星，受罰者則會因疼痛而不斷跑來跑去，伊莉莎白將之稱為「踢火星」（star-kicking），這種「遊戲」的結果就是人雙腳被燒得沒有一塊完好皮膚，嚴重者甚至就此變成殘廢。

當「踢火星」已經不能讓伊莉莎白興奮後，她又有了新的「發明」：

◎圖片來源：Wikimedia Commons

▲伊莉莎白・巴托利生性殘忍，殺人無數，更飲用少女鮮血來保持青春容貌，成為歐洲「吸血鬼」傳說的源頭。

先將鉗子在火上燒得通紅，然後用它去一塊一塊沾黏並撕下人身上的皮膚，人的皮膚是何等嬌嫩，遇上火燒的鉗子，要不了幾下全身就血肉模糊，有時候連白骨都會露出來，在這樣的折磨下，幾乎沒有人可以倖存活命。

沒過多久，以上兩種酷刑也滿足不了伊莉莎白的嗜虐慾望，她乾脆直接將活人架在火上烤，不消多久，被烤的人就已經失去人形，能看到的只是一具不斷淌著血水的軀體。

隨著時間流逝，伊莉莎白漸漸步入中年，此時的她開始將眼光放到那些年輕的女僕身上，因為她們身上所擁有的青春是她再也得不到的，而這也讓她心中充滿了嫉妒和憤怒，殘害的目標全集中到那些少女身上，而且還有了新「發明」：譬如將少女的衣服脫光，然後全身塗滿蜂蜜，之後直接將她們扔到叢林深處，任猛禽野獸撕咬；又或者在冬天將少女全身扒光，先浸入零度的水中，再不斷往頭上澆水，直到人活生生地被凍成人肉冰塊。

◎匯集少女精華的恐怖血浴

後來，一位女僕為伊莉莎白梳頭髮時，不小心拉斷了一根頭髮，伊莉莎白立刻暴跳如雷，瘋狂地抽打那名女僕，以至於鮮血都濺到了自己臉上，但當她回頭再看鏡子中的自己時，發現鮮血沾染之後的皮膚有了明顯的變化——更緊緻、有光澤，也更青春了。這讓伊莉莎白欣喜不已，也讓她確信了一個流傳已久的說法：少女，尤其是處女的血，能讓人重獲青春。於是，從此開始，伊莉莎白將她的「恐怖事業」轉向了另外一個領域。

很快地，在一些巫師的幫助下，伊莉莎白在周圍的貧苦人家裡招募未婚少女，這些女孩子最初進入到城堡時，都像去旅行一般興高采烈，完全沒想到死神正等在那裡。伊莉莎白每次要洗

◎圖片來源：Jacomoman78, Wikimedia Commons

▲ 伊莉莎白．巴托利被終身囚禁至老死之地，充滿血腥與冤魂的古堡。

「血浴」時，都要殺掉四、五名少女才能注滿浴缸。殺戮往往在她的臥室由她親手進行，由於血量太多，臥室地板之後都一定要灑草灰，才能防止在血泊中滑倒。

伊莉莎白還在德國訂購了一整套刑具，其中包括鐵鉤、籠子、刺球（一個外面布滿鐵刺的空心鐵球）等。刺球會懸掛在籠子中央，把抓來的少女關進去後，伊莉莎白的幫兇們便會用燒紅的鐵棍去戳她們的身體，忍受不了劇痛的少女只能往中間縮，但也因此被鐵刺刮出一道道傷痕，直到血流如注。而伊莉莎白呢？這時她會將籠子吊起來，站在下面享受「鮮血淋浴」。

久而久之，伊莉莎白將城堡周圍的少女幾乎殘殺殆盡，周邊的樹林裡經常可以見到殘缺不全的少女屍塊，也有一些是被活埋而死。在普通人家的少女「資源」幾乎枯竭之後，伊莉莎白開始把魔爪伸向一些低級的年輕貴族婦女，主要手段是以辦學為幌子，招攬她們來到城堡，當然，儘管身為貴族，這些女性同樣也有去無回。

由於伊莉莎白的家族勢力極大，當地有很多人雖然隱約知道城堡中被掩蓋的殘忍事件，卻一個字都不敢多說。直到有一天，有位神父終於無法忍受這種罪惡，向當局告發了伊莉莎白的罪行。王室派兵到城堡進行調查，走進地下室時，所有的人都被驚得愣住了：

地下室到處都是流著血的少女，有的全身被刺了很多洞，有的則幾乎體無完膚，還有一些被吊在天花板上，之後在地下也挖掘出了五十具屍體。根據歷史資料及伊莉莎白自己的日記，一共有六百多位少女慘死在這座城堡中，尤其值得一提的是，伊莉莎白還記錄了自己對於喝少女鮮血的嗜好，這也成為歐洲「吸血鬼」傳說的源頭。

審判進行時，伊莉莎白沒有到場，被處死的是三個幫助她惡行的巫師，由於伊莉莎白的貴族身分，讓她可除免受審，但這並不意味著她可以逃過懲罰，匈牙利王室下令她永遠不得踏出自己的城堡一步，隨後派兵將整個城堡用磚塊封了起來。

在連陽光都看不到的黑暗中，伊莉莎白被關了四年，最後死在自己的房間裡，那時她才五十四歲，但是由於沒有了少女血的滋養，衰老的速度快到難以想像，據說她死時容貌已像七、八十歲的老婦。

◎另外的版本

在歐洲，還有一些地區流傳著第三個版本的血腥瑪麗，她的名字叫做李・克斯特（Lee Kerst）伯爵夫人。這位伯爵夫人同樣也是匈牙利人，出生在布達佩斯——這些都和伊莉莎白・巴托利完全相同，而且在李・克斯特伯爵夫人的故事當中，她和伊莉莎白・巴托利一樣，也十分熱愛少女的鮮血，並以之作為延緩自己容貌衰老的工具。

兩個「吸血鬼」之間最主要的區別在於年代，伊莉莎白・巴托利出現在十七世紀，而李・克斯特伯爵夫人則出現在十八世紀，但後者卻沒有前者那樣明確的生卒年，所以很多人都認為，後者只是前者故事在流傳過程中的一種變異版本而已，事實上，兩種版本傳說的主角大有可能是同一個人。

梅根．亨茨曼——十年連殺六子並藏屍小盒內的冷血母親

二〇一四年一月，家住美國猶他州的男子達倫．韋斯特（Darren West）走進自家很久沒進去過的車庫時，發現了好幾個異樣的盒子，好奇心驅使他打開了其中一個，結果卻令他大吃一驚：裡面裝的竟然是一具嬰兒的屍體，而且從腐爛程度來看，已經死去很長的時間。更讓他感到不寒而慄的是，在其他幾個盒子裡，他又發現了六具嬰兒的屍體，這些嬰兒大小不一，腐爛程度不同，似乎是在不同時間被放進盒子。

警察在隨後趕到，法醫也很快進行了查驗。警方首先排除了達倫．韋斯特的嫌疑，第一，不會有罪犯自己檢舉自己，其次，更重要的是，達倫．韋斯特才剛剛出獄沒有多久，而那些嬰兒中最晚遇害的也已經是二〇〇六年了。

之後，警方將調查焦點轉向已經和達倫．韋斯特分居的妻子梅根．亨茨曼（Megan Huntsman），令人意外的是，這位三十九歲的母親很快就承認了自己駭人的罪行：那七名嬰兒全都死於她的手中。

一切都要從一九九六年開始說起，達倫．韋斯特和梅根．亨茨曼當時還是二十出頭的年輕人，而讓二人在一起的原因卻是對毒品的共同愛好。毒品消耗錢財的速度遠超他們的想像，於是他們決定自己製作毒品，不僅可以自己吸食，還能販售牟利，以毒養毒。

就在一九九六這一年，亨茨曼第一次懷孕了，或許是因為吸毒已經讓人神志不清，以至於做了父親的達倫．韋斯特直到孩子生下來都完全沒有察覺。

◎圖片來源：Wikimedia Commons

▲梅根．亨茨曼生下嬰兒後隨即殺害，泯滅人性的惡行令人髮指。

根據亨茨曼自己的供述，她在吸毒、製毒的時候完全不擔心肚裡孩子的健康，甚至根本懶得去流產，因為她覺得那樣更麻煩，也更花錢。於是，亨茨曼選擇將孩子悄悄生了下來。面對哇哇大哭的嬰兒，亨茨曼第一個反應是覺得厭煩，根本沒有身為母親想要照顧自己孩子的慾望，甚至連幫嬰兒清洗出生時身上穢物都沒有，相反地，她只想到這個孩子會妨礙自己製毒。

很快地，一個在她看來理所當然的選擇出現在腦海裡——只要勒死這個吵鬧的小東西，就再沒後顧之憂了。她後來也的確這麼做了，用一條繩子就結束了一個剛出生不到一天的生命。亨茨曼直接將屍體放進一個盒子，隨意扔在了車庫的角落裡。

◎圖片來源：JWH , Wikimedia Commons

▲警方在梅根．亨茨曼家的車庫中找到多具盒裝嬰屍，現場怵目驚心。

加上第一個嬰兒，

在往後的十年之中，亨茨曼一共生下七個孩子，沒有一個都逃脫死亡的命運。除了勒死之外，有的是被蒙著布窒息死亡，有的則更加殘忍，直接扔進盒子裡活活餓死。

即便在被捕以後，梅根．亨茨曼也依然沒有表現出任何悔意，甚至連她自己都不確定到底殺了幾個孩子，也就是說，有可能有更多慘死的嬰兒，只不過這個惡魔般的母親根本不在意，更不記得了。

長達十幾年的毒癮，毒品早已讓亨茨曼喪失了最基本的人性，就算是自己的孩子，在她眼中也不過是個物品，而且是一個很礙眼的物品，就從這一點而言，亨茨曼可說早已失去作為「人」的資格了。

◎圖片來源：JWH , Wikimedia Commons

▲毒品早已讓亨茨曼喪失了最基本的人性，就算是自己的孩子，在她眼中不過是個物品。

格舍・瑪格麗特・戈特弗里德——殺害至親密友亦不眨眼的偽面天使

布萊梅（Bremen），德國北部一座重要的工業城市，是德國在現代化過程中的重要「引擎」，同時也是德國最大的造船廠的所在地。但在十九世紀初，布萊梅還只是一個只有二十多萬人口的小城，城市規模僅相當於今天的一個小鎮，但就在這樣一個小地方，卻發生了德國歷史上最令人震驚的連環殺人案，而製造慘案的，是一名年輕的家庭主婦，她的名字叫格舍・瑪格麗特・戈特弗里德（Gesche Margarethe Gottfried）。

戈特弗里德出生在十八世紀末布萊梅的一個貧苦家庭，她有一個雙胞胎弟弟，儘管姊弟倆同時出生，但卻沒有得到父母相同的待遇。對於弟弟，父母表現出明顯的偏愛，在吃穿用等各個方面都更關照弟弟，將其視為寶貝；對於姊姊，父母卻表現出了一種奇怪的舉動：常常替戈特弗里德虛構一些根本不存在的病，然後帶她去看醫生，醫生自然診斷不出任何結果，戈特弗里德的父母就在埋怨醫生不夠專業的同時，開始在家親自替戈特弗里德「治療」。

這樣的過程自然讓戈特弗里德自小吃了不少苦頭，以致她的童年只有兩個主題，一是父母的偏心，再者就是自己長期被看成一個「有病」的人。

就在以上這種壓抑的環境中，戈特弗里德漸漸長大成人，嫁做人婦，但幼年生活烙下的印記，讓她總顯得自己與周圍的人格格不入。戈特弗里德能感覺得到自己的異樣，但是她總也說不出來具體的感覺。直到有一天，戈特弗里德的丈夫約翰・米爾騰伯格（Johann Miltenberg）因病臥床，她在照顧丈夫的同時，產

◎圖片來源：Rami Tarawneh , Wikimedia Commons

▲位於德國北部的大城市布萊梅，在十九世紀初曾發生了德國歷史上最令人震驚的連環殺人案。

生了一種奇怪的感受：只要丈夫病情加重就會有求於自己，所以丈夫的病情讓她有了一種能支配他人命運的愉悅感。也因此，戈特弗里德總是把丈夫的病情維持在一個比較嚴重的狀態，以滿足自己病態的快感。

不過，由於戈特弗里德的「悉心」照料，最後米爾騰伯格已經到了無法治癒的地步，這時的戈特弗里德又顯示出了完全的厭惡：反正也治不好，索性就讓這個人消失好了。戈特弗里德殺人的方法也很乾脆，直接將含有砒霜的老鼠藥放進食物裡，米爾騰伯格吃後立刻斃命。

在周圍鄰居的眼中，戈特弗里德的丈夫已經病重很久，再加上當時的醫療水準很低，所以大家對於這個人的死亡並不感到驚奇。相反地，他們對於戈特弗里德還頗為讚許，因為從表面上來看，戈特弗里德每天都很盡心照顧丈夫，熬湯煎藥，伺候起居，可說完全盡到了一個做妻子的責任。就這樣，戈特弗里德的第一次殺人行動完美結束了。

◎布萊梅天使的真面目

殺掉丈夫時，戈特弗里德不過才二十八歲，但她彷彿覺得二十多年來壓在自己身上的負擔突然卸下了，不僅如此，將丈夫折磨至死的整個過程，讓她感到莫名興奮，和每天平淡無聊的生活相比，這種興奮讓戈特弗里德久久難以忘懷，如同吸毒一樣，一旦接觸以後就難再戒除，於是她開始尋找下一個目標。

隔了一年半以後，另外一個機會幾乎是「主動」送上門來，戈特弗里德的母親生病了。如果是正常人，就算小時候受到父母的偏心待遇，也不至於記仇到要殺掉父母，但當戈特弗里德「愉快」地毒死丈夫以後，她已經不能被歸為正常人了。所以，當母親生病後，擺在她面前的並不是一個需要照顧的親人，而是又一個滿足自己慾望的「工具」。

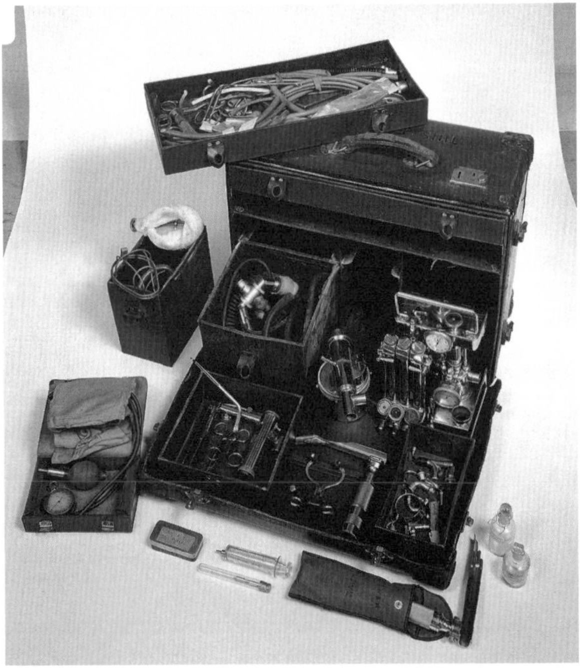

▲ 戈特弗里德和母親一樣虛構女兒的病情，然後由她親自治療、照顧，最後殘忍毒殺。

於是，戈特弗里德故技重施，且這一次她顯得更加熟練，外人也更難看出她其實正預謀殺人，相反地，戈特弗里德再一次得到周圍人們的稱讚，在成為「盡責的妻子」之後，她又成為了「孝順的女兒」。

從自己的母親開始，戈特弗里德開始將魔爪伸向和自己有血緣關係的親人。如果說毒殺母親可以解釋為她童年的陰影，接下來死於戈特弗里德手下的人，就有些令人難以想像理由何在了，她們是戈特弗里德的兩個女兒。

這一次，戈特弗里德扮演起自己母親的角色：她也虛構了兩個女兒的病情，然後由她親自治療、照顧——然而她卻遠比自己母親要兇狠得多，兩個女兒也死於她放在食物裡的砒霜。

自此以後，戈特弗里德內心的惡魔被完全釋放出來，她接著毒殺了自己的父親、兒子、兄弟，以及第二任丈夫，當她發現自己的親人已經被殺得差不多後，又把目標轉向了朋友、房東和傭人等。從二十八歲到四十二歲的十五年間，戈特弗里德一共毒殺了十五個人，平均每年都有一個人死於她手，而她殺人最多的一年裡，就有三個無辜的人殞命。

不過，讓所有人都感到困惑的是，戈特弗里德周圍的親友一個個死去，卻沒有引起街坊鄰居的懷疑，他們只是覺得噩運老是纏著這名可憐的女人，而她卻依然如此悉心照料那些生病的人，這讓他們覺得她實在是位了不起的模範女性，還給她起了一個「布萊梅天使」的名號。

這個帶著天使面具的魔鬼，終於在一八二七年落入法網，原來當時她又在「照顧」一個朋友，這個朋友發現食物中有些不太尋常的小顆粒，並立即拿去檢驗，結果並不意外，這些顆粒就是戈特弗里德一直以來慣用的砒霜。之後，當局立即將戈特弗里德逮捕，並對過去死於她照顧的人重新驗屍，無一例外地，他們全都死於砒霜中毒。最終，戈特弗里德坦然承認了自己所犯的罪行。

一八二八年三月十六日，戈特弗里德在她四十三歲生日這天被正式逮捕，在經過一連串嚴謹的認定和審判後，戈特弗里德被判處死刑。一八三一年的四月二十一日，她在布萊梅被公開斬首示眾，結束了她罪惡的一生。值得一提的是，這位戈特弗里德也是布萊梅歷史上最後一個在公開場合被處決的犯人。

◎圖片來源：Wikimedia Commons

▲連續殺人魔戈特弗里德是布萊梅歷史上最後一個在公開場合被處決的犯人。

波波娃夫人——連殺三百人的自認「正義使者」

一八七九年的冬天，俄羅斯一名住在聖彼德堡[9]的有錢人，在生了場大病後不多久便去世了，儘管周圍的人都知道他身體不太好，但死訊依然來得有些突然。

葬禮結束之後，這個有錢人的妻子搬出了原來的房子，開始了寡居生活，然而她卻看不出什麼喪偶的悲痛，相反地，她似乎很釋然，而且還自此開始了一項恐怖事業。後世沒有人知道她的出生年月，甚至也不知道她完整的名字，只知道她的姓是「波波娃」（Popova），被稱為波波娃夫人（Madame Popova）。

波波娃年輕時嫁給那個有錢人後，過著當時絕大部分俄羅斯人絲毫不敢奢望的富裕生活，但沒有人知道她在家中承受了怎樣的痛苦：丈夫隨意的毒打，不分場合的虐待，沒日沒夜的辱罵——她的丈夫根本不把她當人看待，只是把她當作自己養的寵物一般，想要怎麼玩弄都可以，甚至好幾次都讓波波娃幾乎死掉。

面對地獄般的生活，波波娃無法和丈夫正面對抗，而如果離婚，在男女不平等的社會

9 聖彼德堡為俄羅斯第二大城市，位於俄羅斯西北部，波羅的海沿岸，涅瓦河口，一七一二年至一九一八年為俄羅斯首都。

中，受到指責的肯定會是身為弱勢女性的她。當忍耐終於到達極限時，波波娃終於做出了抉擇：用砒霜毒死自己的丈夫，而且是趁他生病時下毒，因此也逃過了所有人的注目，讓她終於成功脫離苦海。

◎為幫助受虐婦女而展開的殺人事業

不過，即使波波娃搬出原來的房子後，依然有各種流言蜚語悄悄傳播，有一天，一名婦人上門找到了波波娃，向她哭訴自己也遭受了丈夫各種非人的待遇，並請求她幫助自己脫離這恐怖的無間地獄。波波娃一開始全然否認所有和自己有關的傳言，覺得對方可能是官府派人來試探她，但當那名婦人脫下衣服，向波波娃展示身上的累累傷痕時，她終於還是被觸動了，看到這名婦人身上幾乎沒有一塊完整的皮膚，波波娃不禁想起了自己過去遭受的苦難，最後決定幫助這名可憐的受虐婦人。

和殺掉自己的丈夫一樣，波波娃也是趁婦人的丈夫生病時，假扮成醫生去幫他診治，並留下一點砒霜，讓丈夫按時和著食物一起吃下去。結果也在預料之中，那位殘暴的丈夫很「順利」地死掉了，婦人從此獲得新生，為了表示感謝，她給了波波娃一筆錢，但波波娃只收下了其中一小部分，當作是買砒霜的成本。

在解除了自己的痛苦之後，又幫別人除掉了對妻子施暴的丈夫，這讓波波娃獲得極大的成就感，但隨之而來的事情卻讓她始料未及。在十九世紀的俄羅斯，一般農民幾乎全是文盲，舉止也異常粗魯，對待自己的老婆更像是對待工具一般，打罵是家常便飯，虐待至死的情況也不算什麼稀奇的事。當這些農民的老婆開始聽說波波娃的事蹟之後，都紛紛將她看成自己的救星，一個個都找上門來，而且都表示願意花錢讓自己的丈夫永遠消失。

看到那麼多受苦受難的女性同胞，波波娃感受了一股莫名的力量自胸中湧出，覺得在那樣黑暗的時代，根本不可能有人能給這些受虐女子一點公理正義，但自己至少有能力給她們一點補償，從某種意義上，她就是「正義」的化身。

在這樣的心情下，波波娃開始一次次接受「任務」，而且每一次任務都十分完美地結束，沒有引起當局的任何注意，每此使用的手法也都是在食物裡下砒霜毒殺。

一次次的成功，讓她在受虐婦女族群中有了很高的威望，大家開始稱呼她「波波娃夫人」。甚至，波波娃靠著這門「生意」還積累了一些財富，雖然她每次收的費用並不高，但由於來找她的人實在太多了，所以她的寡居生活過得還算富裕。

「清官難斷家務事」這句話，在東方是如此，在俄羅斯其實也一樣，家庭的矛盾往往只有家庭內部成員才最瞭解，外人其實無法認清其中的真相，也正是這個原因，讓波波娃最終栽了跟斗。

有一次，又有一個女人來找波波娃，哭著講述自己被丈夫虐待的傷心事，接下來的所有程序是波波娃再熟悉不過的：收錢，替人殺人。但萬萬沒想到，這個女人在丈夫死後卻突然覺得良心不安，覺得自己也有做得不對的地方，才因此觸怒丈夫，雇人殺掉丈夫實在太過殘忍了。這個女人在反悔後立即向當局報案，指稱波波娃毒殺了自己的丈夫，波波娃迅速被捕，這個震驚全俄羅斯的女殺手了成為舉國譁然的焦點。

▲波波娃夫人為幫助受虐婦女脫離家暴地獄而下毒殺人，自認是「正義」的化身。

波波娃被捕時是一九〇九年，距離她殺掉自己丈夫已經過了整整三十年，經審問，她在這三十年間殺掉的男人，至少有三百人之多，還有許多謀殺不是由她親自下手，而是在她的指導下進行，所以，實際死於她手的人，應該是更組恐怖駭人的數字，波波娃也因此成為俄羅斯歷史上第一女連環殺手。

波波娃可能代表著所謂的「正義」，向家庭暴力宣戰，但那些死掉的男人中，有多少人是真正該死的？又有多少人是因為某些女人故意將自己的遭遇誇大其詞而冤死的，就不得而知了。不管如何，波波娃的冷血和恐怖毋庸置疑，即便和男性殺手相較也毫不遜色。

一九〇九年，隨著行刑隊整齊的槍聲，這個把殺人當「生意」做的女人最終殞命。

珍．托帕——志在以殺人留名青史的變態女狂魔

美國的麻塞諸塞州，長期以來都以教育方面的傑出成就而聞名，無論是哈佛大學（Harvard）[10]，還是麻省理工學院（MIT）[11]，都是全世界最頂尖的大學。不過，有一件事則鮮為人知，麻塞諸塞州還曾為美國貢獻了另外一個「頂尖」，一個不太「光采」的頂尖，那就是出生於此，堪稱美國第一的女連環殺手，珍．托帕（Jane Toppan）。

除了出生的年分是在一八五七年外，歷史上對於托帕幼年生活的記錄並不多，但有三點可以確認：托帕的父母是愛爾蘭移民，托帕的母親在她還年幼的時候就死了，以及托帕的父親是個十足的酒鬼。

另外，托帕的成長過程還有一個大的社會背景：十九世紀中期，愛爾蘭發生了馬鈴薯的大面積欠收[12]，導致以馬鈴薯為主食的愛爾蘭人面臨了災難性後果——愛爾蘭大饑荒，這也是許多愛爾蘭人在那時逃到美國的主要原因。將以上這些零碎的資訊拼湊起來，可以想像托帕出生在一個環境十分糟糕的家庭，從小就沒能得到父母的愛，更談不上接受應有的教育。

之後再次出現托帕的記錄，是在一八六三年，她在六歲時被酒鬼父親送到孤兒院，自此以後她再也沒有見過任何親人，在一個完全孤獨的地方孤獨地成長。就這樣，直到她二十八歲這一年，沒有人知道這二十多年裡，托帕究竟經歷了什麼，孤獨是肯定有的，而且還不少，但有沒有被欺負過、虐待過，卻完全不得而知。總之，二十八歲這一年，成為了托帕的轉折之年。

西元一八八五年，二十八歲的托帕在麻

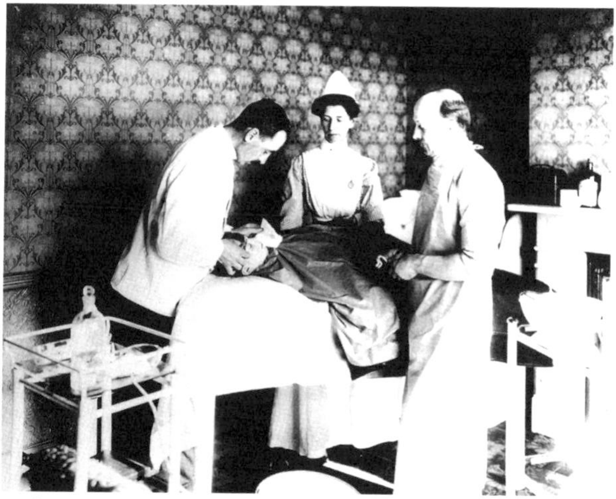

▲珍．托帕曾接受醫療專業訓練，卻不是用來救人，而是藉由殺害病患來滿足自己的變態癖好。

10 哈佛大學，一六三六年成立於麻塞諸塞州劍橋市，以其首位捐助人約翰．哈佛（John Harvard）的名字命名，是全球最具影響力的大學，曾貢獻了八位美國總統和超過一百位諾貝爾獎獲得者。

11 麻省理工學院，一八六一年成立於麻塞諸塞州劍橋市，是全球高科技和高等研究的先驅領導大學，在管理、語言、人文等領域同樣有著卓越地位。

12 愛爾蘭大饑荒發生於一八四五至一八五二年，愛爾蘭土豆大面積絕收，而愛爾蘭人口中有五分之二完全以土豆為食，長達7年的饑荒使得一百萬人死亡，一百萬人移民，整個愛爾蘭的人口下降接近四分之一。

塞諸塞州的劍橋醫院（Cambridge hospital）接受護士訓練，護士在當時還是一個新興職業，但這並不是托帕選擇它的主要原因，因為她的行為很快就暴露出許多與醫學道德不相符的情形：例如她經常在病人身上試驗嗎啡（morphine）和阿托品（atropine）的效果——這是兩種透過麻痺神經來止痛的藥品，但注射過量會導致病人昏迷甚至死亡，不過，這在托帕看來都不算什麼，原來，她只要見到病人從活蹦亂跳到毫無生氣，就會覺得極有成就感。更駭人聽聞的是，托帕還會擅自更改醫生所指示的藥物劑量，通常會對病人過量注射以使其昏迷，等到病人甦醒後又再次注射，就這樣讓病人在清醒和昏迷之間不斷反覆。

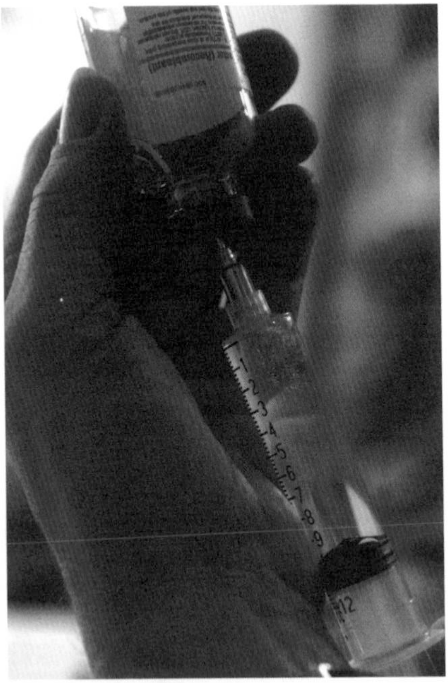

◎圖片來源：Jkgroove, Wikimedia Commons

▲珍．托帕經常在為病患反覆注射過量的嗎啡和阿托品，只要見到病人從活蹦亂跳到毫無生氣，便覺得極有成就感。

在反覆「實驗」過很多病人後，托帕終於跨出了殺人的第一步。有一次，她又給某位病患注射了過量的藥劑，這次她不再等待病人甦醒過來，而是躺在他身旁緊緊抱著他，直到他的身體由顫抖到平靜，直到呼出最後一口氣，她彷彿正親身享受這個人靈魂離去的整個過程。

以同樣的手法，托帕在劍橋醫院又害死了數名病人，後來被捕時，她十分直接地坦承了自己的動機：當她抱著病人在懷中，感受到他們正在生死之間徘徊，她卻因此獲得一種難以言喻的性滿足。古今歷史上，女性連環殺手不算十分罕見，但她們多數是出於報仇，或者是因為物質的原因才起了殺意，但像托帕這樣為了性快感而殺人的，可說絕無僅有。

一八八九年，托帕完成了在劍橋醫院的訓練，被推薦到麻塞諸塞州總醫院，但是僅僅在一年之間，托帕便捲入了數起病人非正常死亡的糾紛，雖然院方無法證明托帕殺人，但還是很快將她退回了劍橋醫院。不過，這些事件並未讓托帕有任何改變，她依然肆無忌憚地濫用藥品殺死病人，於是在不久之後，劍橋醫院也把她開除了。

從此以後，托帕開始了自己的私人護理事業，由於不太容易找到合適的對象，她的殺戮「事業」一度沉寂了十年之久，彷彿她也漸漸變回了一個正常人。然而，事實證明，一個人的靈魂一旦扭曲之後便很難復原了，托帕更是如此。

十年之後的一八九九年，因為和房東發生爭執，托帕再次搬出自己的專業知識，不動聲色地將房東毒死，這次的殺人經驗也將她心中的惡魔再一次釋放了出來。從此以後，托帕追求的並不再是殺人時的性快感，而是殺人這件事本身所帶給她的「樂趣」。

時間來到一九〇一年，托帕盯上了戴維斯（Davis）一家，最初是主人亞當．戴維斯的妻子生病，她以護士的身分前往照顧，結果可想而知，戴維斯家第一位被毒死的受害者很快產生了。接著，由於亞當．戴維斯年事已高，托帕自告奮勇表示願意來當他的私人看護，以便好好「照顧」這一家人。

搬進戴維斯家以後，托帕為了滿足自己病態的快感，暗地裡有條不紊地進

◎圖片來源：Wikimedia Commons

▲珍．托帕到麻塞諸塞州總醫院服務僅短短一年，便捲入了數起病人非正常死亡的糾紛。

行著「工作」，亞當．戴維斯及他的兩個女兒先後被毒死，如果不是亞當．戴維斯的兒子剛好在外地，這一家人就會被滅門了。

毒殺了戴維斯家四口人後，托帕不僅沒有一點慌張，反而十分鎮定地回到自己的家鄉，在那裡，她完成了她的最後一次殺戮，受害者是她妹妹的丈夫，以及她的外甥女。

就在同一年，戴維斯家倖存的家屬要求對死去的親人進行中毒檢查，果然發現每個人都死於中毒，當時擔任私人看護的托帕嫌疑最大，也被警方立即逮捕。被捕後，托帕對於自己的罪行沒有一點遮掩，反而侃侃而談，十分仔細地講述從一八八七年開始的十四年間，自己至少殺掉了三十一個人。

由於托帕表現得極為鎮定，完全沒有一般殺人犯的惶恐，法庭對她進行了精神檢查，最後認定她為精神

◎圖片來源：Wikimedia Commons

▲ 美國連環殺人魔珍．托帕最後被法院判決入精神病院終身監禁，整整三十七年後才死去。

病，所以沒有判處死刑，而是將她關在精神病院，終身不得出院。

事實上，對於托帕來說，在精神病院終身監禁可能比死亡更加痛苦，因為她在裡面熬了三十七年後才去世。二十世紀開頭的十年裡，整個美國都在討論這個恐怖的連環殺手，但是一九三八年她去世的時候，卻幾乎沒有任何報導，人們也更加關注已經開始的二戰，彷彿這個曾是美國人夢魘的魔鬼從來沒有出現過。

客氏——荼毒宮闈一手遮天的陰狠惡婦

在幾千年的中國宮廷史中，一直都有一個身分極其特殊的人群，她們沒有一點貴族的血統，甚至往往來自民間，但和皇帝的親密程度卻是沒有幾個人能比得了的，她們就是皇帝的「乳母」。

「乳母」在皇宮中的出現，並不是因為皇子的生母們自己沒有奶水，而是出於其他更為深層次的考慮，其中最主要的，就是防止皇子因和母親感情過深，導致其在繼位以後出現外戚涉足政事，或者是後宮干政的情況。

然而，只需請個乳母看照就可以解決這些問題，她們既可以保證皇子們受到良好的照顧，也不用擔心彼此之間的深厚感情影響到國家社稷，因為乳母畢竟是沒有任何皇家血統的——然而，一切都有例外，在風雲詭譎的明朝更是如此，一位出現在大明皇宮內的乳母，最後幾乎擁有皇太后般的地位，她就是客氏。

◎從普通農婦到皇帝乳母

客氏，出生於北京以南四十多公里的定興縣，具體的出生時間史書並無記載，早年的記錄也只是她嫁給了一個叫候二的人，並且生了一個兒子。在那時的中國，像客氏這樣的農婦千千萬，命運也都大同小異，出生在黃土地上，勞作在黃土地裡，最後悄無聲息地死在黃土地中。然而，命運也有一個最大的特點，就是它的不可預測性，客氏從不曾料想到自己可以走進皇宮，對以後所擁有的顯赫地位更是連想都不敢想。

十八歲時，由於機緣巧合，客氏被選入皇宮，給皇孫朱由校[13]餵奶。朱由校的父親是當時的太子朱常洛[14]，按照正常排序，朱由校將來必定會繼承皇位。能給未來的皇帝餵奶，客氏的運氣顯然好得不得了，但宮廷之內向來明爭暗鬥，當父親的朱常洛還不知道能在太子位上坐多久，朱由校的皇帝之路自然也充滿了未知的變數。

不得不說，朱由校的運氣實在相當不錯，出生時就已是皇長孫，而待到他成為太子之後，只等待了一個月時間，就迅速晉升為帝國皇帝——因為他的父親朱常洛荒淫無度，不知節制，僅僅在位三十餘天就暴斃而亡。這一年是西元一六二〇年，迅速更迭了三代皇帝的神奇之年，繼位的朱由校史稱明熹宗，這年他才剛過十五歲。

十五歲的明熹宗雖然還很年輕，但他已經和客氏一起度過了十多年，從他還是襁褓中的嬰兒時，客氏就開始照顧他的起居，二人之間的感情自然是非比尋常。明熹宗剛繼位沒多久，就將客氏封為「奉聖夫人」，且每年客氏生日時都會親自出席賀壽。

連皇帝都對她如此敬重，宮中的其他人就更不用說了，每逢客氏要到某個地方去時，必然有人提前打掃街道，而且眾人會立於道旁高呼「千歲」，客氏在宮中地位可見一斑。由此，憑藉皇帝乳母這一身粉，客氏從一介農婦，一躍成為宮中的顯赫人物。

▲ 明光宗朱常洛因荒淫無度，僅在位一個月便過世。

13 朱由校（1605-1627），明熹宗，明朝第十五位皇帝，十六歲即位，西元一六二〇年至一六二七年在位。

14 朱常洛（1582-1620），明光宗，明朝第十四位皇帝，西元一六二〇年八月至九月在位。

◎勾結奸黨禍亂宮廷

明熹宗剛剛繼位之時，生母王氏便過世了，而其父朱常洛在生前又沒有正式立過皇后，加上明熹宗非常「孝順」，這樣一來，客氏在後宮中的地位變得特殊起來，她也開始慢慢意識到：自己從某種意義上已經成為皇太后。

對於客氏的尊崇地位，宮中其他人自然是心知肚明，都拚命想要巴結客氏，其中有一人做得最成功，他就是明朝有名的大太監魏忠賢[15]。在古代宮廷之中，有一種關係叫做「對食」，字面意義上是兩個人相對而坐一起吃飯，實際上指的卻是宮中太監和宮女相互結成伴侶。

明朝早期對於「對食」是禁止這種關係的，但到後來管制變得愈來愈鬆弛，以至於在宮內完全公開化，哪個太監或宮女要是沒有個「對食」，反而會被瞧不起。頗有野心的魏忠賢憑藉著自己的手段，就成為了客氏的「對食」。

客氏和魏忠賢都是權力慾望極強的人，兩人在一起後的第一件事情，就是除掉競爭對手王安[16]。王安也是太監，但他為人正直剛烈，辦事秉公執法，並且在保證明熹宗順利繼位的過程中具有很大的作用，所以也很得明熹宗信任。可以說，在所有太監中，王安在當時算是頭號人物，自然成為想要出人頭地的魏忠賢的極大障礙，只不過他勢單力薄，於是就聯合起客氏向王安發起進攻。

客氏起初向明熹宗建議，王安已經年老體弱，不堪大用，最好讓他早些回家養老，以免耽誤了朝政。明熹宗並未立刻聽從客氏的建議，他認為王安並沒有任何過錯，僅僅因為身體原因就讓其告老還鄉，著實有些不妥。客氏和魏忠賢自然不會輕易放棄，不久之後，二人乾脆直接對王安發起彈劾，誣稱其

▲明熹宗年少繼位，卻因敬愛乳母客氏，竟任由其與魏忠賢把持朝政。

15 魏忠賢（1568-1627），原名李進忠，明熹宗時期出任司禮秉筆太監，權傾一時，被稱為「九千歲」。

16 王安（1572-1621），明朝熹宗時期太監，以剛正不阿著稱。

私吞軍餉、貪贓枉法，客氏還不斷在明熹宗面前繪聲繪影地描述王安所謂的「罪行」。這時的明熹宗畢竟還太年輕，經不住自己乳母的反覆遊說，最終決定將王安治罪，發派到數千公里以外的海南去。

明朝時的海南島人煙罕至、一片荒蕪，又是整個國家版圖上距離北京最遠的地方，再考慮到古代十分落後的交通條件，誰要是去了那兒，幾乎就意味著一輩子再也別想回到京城了。所以，對於王安被發配去海南，魏忠賢已是十分滿意，但客氏卻顯露出她窮兇極惡的一面，說：「王安雖然是去了海南，但是他人還沒死，萬一哪天他又活著回到京城，那豈不是貽害無窮？」言下之意就是王安必須死，只有他死了才能讓人放心。

為了能永遠除掉王安，客氏暗中運作，讓一個叫劉朝的太監去海南當官，而劉朝之前和王安有仇，一直都在尋找機會進行報復，客氏如此安排，背後的意思已經很明白了，絕不給王安留下活路。果然，在客氏的授意下，劉朝到達海南之後，先是將王安囚禁起來，斷絕他的飲食，但沒想到王安異常頑強，三天之後仍沒被餓死，以至於讓劉朝覺得有些不耐煩，最後直接命人將其亂刀砍死，一代忠良就此慘死於一個婦人的陰謀之下。

至於魏忠賢，在客氏的幫助下除掉了最大障礙，從此平步青雲，趁著皇帝年幼獨攬朝政，被人稱呼為「九千歲」，飛揚跋扈、禍亂綱紀，幾乎讓整個國家都陷入了混亂。

◎毒手伸向皇子

不管權勢有多麼之盛，客氏內心深處依然明白，這全都來自於明熹宗對自己的信任，如果明熹宗這個靠山不在了，後果將不堪設想。越是迷戀權力的人就越是怕失去權力，客氏便是如此，為了能鞏固自己的地位，她也什麼都做得出來。

在客氏看來，雖然自己沒辦法確保明熹宗長命百歲，但要是能控制住下一代皇帝，那就可以不用在意明熹宗在位時間的長短了。而且，要是能這樣一代一代地控制下去，自己的地位也就可一直保持下去。就這樣，原本只是區區農婦的她，竟然開始把手伸到了皇帝的私生活中，對皇家的命脈施加影響。

客氏的首要任務是不能讓明熹宗有兒子，如果一旦皇帝的哪個女人生了兒子，就必然成為太子，那個時候再來搞什麼陰謀詭計也來不及了。於是，客氏把眼睛緊緊盯在了明熹宗身邊的女人身上，而第一個受害者是張裕妃。

張裕妃是明熹宗一直很寵愛的一個妃子，在一段時間內，明熹宗幾乎天天都會臨幸她，沒多久，張裕妃便出現了懷孕的跡象。所有這些情況客氏都看在眼裡，待到張裕妃孕像比較明顯之後，客氏便將其幽禁起來，起初還會派人送些飲食去，只不過全部都品質極差，希望張裕妃會因為營養不良而自然流產。沒料到的是，張裕妃和肚子裡的胎兒都異常頑強，直到快要臨產之時，母子都還繼續存活著。眼看皇子就要出生，客氏有些坐不住了，她不僅不派太醫去接生，反而下令斷絕張裕妃所有飲食。

張裕妃可以熬得過監禁，也能忍受低劣的飲食，但是對於一個即將生產的孕婦來說，斷食就是絕對致命的了。最後，在一個大雨瓢潑的夜晚，饑渴難忍的張裕妃拖著沉重的身體，匍匐著爬到門外，接屋簷流下來的雨水解渴，而也就在這個雨夜，任憑張裕妃怎樣呼喊求救，也無人應答，最終和肚子裡的孩子一起慘死。

除了張裕妃以外，明熹宗身邊多個妃子也慘遭客氏毒手。絕大部分被明熹宗臨幸過的懷有身孕的妃子或宮女，都會立刻被客氏派來的人強制流產，有的時候雖也有疏忽，讓孩子出生，但依舊逃不過客氏的魔爪，或毒殺或溺殺，總之都是以最快的速度讓這些孩子消失。對皇室的後代下如此狠手，一旦暴露就是誅九族[17]的大罪，但客氏既有權傾朝野的魏忠賢的支持，又有明熹宗的信任，後宮裡自然是沒有任何人敢多說一個字的，妃子們的生死也幾乎都是她說了算。

當然，一直殺人殺下去對於客氏也並沒有好處，自己培養一個皇帝「接班人」，讓

「接班人」能處於自己的掌控之下，無疑才是最好的解決辦法。於是，客氏親自在宮外找了八個已經懷孕的女子，準備等她們的孩子出生後，從中挑選出最合適的安插入宮中作為明熹宗的皇子。整個過程都在客氏的掌控之中，假皇子如果以後真的當上皇帝，自然也會對自己言聽計從。不過值得慶幸的是，後來，直到明熹宗去世，這八名女子也沒有生產，客氏的陰謀也未能得逞。

◎權傾一時後淒慘落幕

明熹宗在位七年之後最終因病去世，繼位的是崇禎帝朱由檢[18]。朱由檢向來不太喜歡這個在宮中作威作福的客氏，同時魏忠賢又失勢自殺，這兩個因素加在一起，對於客氏來

17 誅九族，來自於秦孌法後的夷三族法。「九族」所指，諸說不同。一說是上自高祖、下至玄孫，即玄孫、曾孫、仍孫（古時稱從本身下數第八世孫為仍孫）、子、身、父、祖父、曾祖父、高祖父；一說是父族四、母族三、妻族二，父族四是指姑之子（姑姑的子女）、姊妹之子（外甥）、女兒之子（外孫）、己之同族（父母、兄弟、姐妹、兒女）；母族三是指母之父（外祖父）、母之母（外祖母）、從母子（娘舅）；妻族二是指岳父、岳母。

18 朱由檢（1610-1644），明朝第十六個也是最後一個皇帝，一六四四年農民起義軍攻入北京時，於景山自縊而亡。一六二七至一六四四年在位。

說，幾乎是致命的打擊。

很快，朱由檢剝奪了客氏的一切封號，從前的尊崇待遇也蕩然無存，她又回到了最初的身分，一個普普通通的農婦。隨之而來的，是對客氏的全面調查，最後，確鑿的證據證明，她不僅害死了數個皇子，對明熹宗的好幾個妃子也是瘋狂迫害——這其中任意一條，都足以治她的死罪。但客氏還算是幸運，這樣的滔天罪行都沒有讓她受活剮之刑，或是誅連九族，結局只是被幾個太監鞭打至死，曾經的「千歲」最後連五十歲都活不到。

▲明熹宗因病去世後，崇禎帝朱由檢繼位，剝奪了客氏的一切封號，將其貶回平民身分。

參考資料

第一章　權慾催生的毒惡之花

①《史記》，司馬遷，中華書局，二〇〇六年六月。

②《漢高祖皇后呂雉傳》，王彥輝，吉林人民出版社，二〇一〇。

③維基百科「呂雉」：http://zh.wikipedia.org/wiki/%E5%90%95%E9%9B%89

④《說慈禧》，隋麗娟，中華書局，二〇〇七。

⑤《慈禧前傳》，高陽，華夏出版社，二〇〇八。

⑥《慈禧大傳》，徐徹，國際文化出版公司，二〇一一。

⑦維基百科「慈禧太后」：http://zh.wikipedia.org/wiki/%E6%85%88%E7%A6%A7%E5%A4%AA%E5%90%8E

⑧紅潮網〈慈禧從幕後走向權力頂峰的真相揭祕〉：http://www.5281520.com/html/35-12/12919.htm

⑨《江青傳》，葉永烈，作家出版社，一九九三。

⑩《她還沒叫江青時》，王素萍，十月文藝出版社，二〇〇〇。

⑪*Madame Mao: The White Boned Demon*, Ross Terrill, Stanford University Press,2000.

⑫ 維基百科「江青」（Jiang Qing）：http://en.wikipedia.org/wiki/Jiang_Qing
⑬ 鳳凰網〈毛澤東女兒險遭江青迫害致死的真相〉：http://blog.ifeng.com/article/32117281.html
⑭《左傳》，左丘明，山西古籍出版社，二〇〇四。
⑮《戰國策》，劉向，上海古籍出版社，一九九八。
⑯ 維基百科「驪姬」：http://zh.wikipedia.org/wiki/%E9%AA%8A%E5%A7%AC
⑰《國色天香趙飛燕外傳》，吳敬所，吉林文史，一九九九
⑱《趙飛燕傳》，安波，中國戲劇出版社，二〇一〇。
⑲ 百度百科「趙飛燕」：http://baike.baidu.com/subview/29978/8560946.htm
⑳ 維基百科「趙飛燕」：http://zh.wikipedia.org/zh/%E8%B5%B5%E9%A3%9E%E7%87%95
㉑ *The Serial Killers: A Study in the Psychology of Violence,* Donald Seaman/Wilson Colin, W.H. Allen / Virgin Books,1990.
㉒ 維基百科「永田洋子」（Hiroko Nagata）：http://en.wikipedia.org/wiki/Hiroko_Nagata
㉓ 日本新聞網〈紅軍女司令永田洋子其人其事〉：http://www.ribenxinwen.com/html/a/201102/06-7945.html

㉔ *Women and War: A Historical Encyclopedia from Antiquity to the Present,* Bernard A. Cook, ABC-CLIO, 2006.

㉕ *The Lampshade: A Holocaust Detective Story from Buchenwald to New Orleans*, Mark Jacobson, Simon & Schuster, 2010.

㉖ 維基百科「伊爾斯・科赫」（Ilse Koch）：http://en.wikipedia.org/wiki/Ilse_Koch

第二章 利欲誘引的魔性之魂

① 百度百科「木嶋佳苗」：http://baike.baidu.com/view/8392918.htm?fr=aladdin

② 維基百科「首都　連續不審死事件」：http://ja.wikipedia.org/wiki/%E9%A6%96%E9%83%BD%E5%9C%8F%E9%80%A3%E7%B6%9A%E4%B8%8D%E5%AF%A9%E6%AD%BB%E4%BA%8B%E4%BB%B6

③ *Mary Ann Cotton: Britain s First Female Serial Killer,*David Wilson, Waterside Press,2013.

④ *She Stands Accused,*Victor Macclure, CreateSpace Independent Publishing Platform,2014.

⑤ 維基百科「瑪莉・安・柯頓」（Mary Ann Cotton）：http://en.wikipedia.org/wiki/

Mary_Ann_Cotton
⑥ *Susan Smith: Victim Or Murderer,* George Rekers, Glenbridge Pub Ltd, 1995.
⑦ 維基百科「蘇珊．史密斯」（Susan Smith）：http://en.wikipedia.org/wiki/Susan_Smith
⑧ *The Baby Farmers: A Chilling Tale of Missing Babies,* Shameful Secrets, Annie Cossins, Allen & Unwin, 2014.
⑨ 維基百科「約翰與莎拉．邁金」（John and Sarah Makin）：http://en.wikipedia.org/wiki/John_and_Sarah_Makin

第三章　情欲蠱惑的妖邪之魄

① 《那時漢朝》，月望東山，長征出版社，二〇〇九。
② 《漢書》，班固，中華書局，二〇〇七。
③ 百度百科「昭信」：http://baike.baidu.com/view/51888.htm
④ *One of Your Own: The Life and Death of Myra Hindley,* Carol Ann Lee, Mainstream Publishing, 2011.
⑤ *Serial Murder and Media Circuses,* Dirk C. Gibson, Praeger, 2006.

⑥ 維基百科「Moors murders」：http://en.wikipedia.org/wiki/Moors_murders#Myra_Hindley

⑦ Murderpedia「Myra Hindley」：http://murderpedia.org/female.H/h/hindley-myra.htm

⑧ *Even More Scary Bitches!: 15 More of the Scariest Women You'll Ever Meet!,* William Webb, CreateSpace Independent Publishing Platform, 2013.

⑨ *Real Vampires, Night Stalkers and Creatures from the Darkside,* Brad Steiger, Visible Ink Press,2009.

⑩ 維基百科「維拉・蘭吉」（Vera Renczi）：http://en.wikipedia.org/wiki/Vera_Renczi

⑪ 維基百科「黛安・唐斯」（Diane Downs）：http://en.wikipedia.org/wiki/Diane_Downs

⑫ Crime Library「Diane Downs」：http://www.crimelibrary.com/notorious_murders/famous/downs/index_1.html

第四章　心魔滋長的極惡之靈

① *Beware, Princess Elizabeth: A Young Royals Book,* Carolyn Meyer, Houghton Mifflin Harcourt, 2002.

② *The Bloody Countess: Atrocities of Erzsebet Bathory*, Valentine Penrose, Sun Vision Press, 2012.

③ *Bloody Mary in the Mirror: Essays in Psychoanalytic Folkloristics*, Alan Dundes, University Press of Mississippi, 2008.

④ 維基百科「血腥瑪莉」（Bloody Mary）：http://en.wikipedia.org/wiki/Bloody_Mary_(folklore)

⑤ 維基百科「瑪莉一世」（Mary I of England）：http://en.wikipedia.org/wiki/Mary_I_of_England

⑥ Murderpedia「梅根・亨茨曼」（Megan Huntsman）：http://murderpedia.org/female.H/h/huntsman-megan.htm

⑦ AOL「梅根・亨茨曼」（Megan Huntsman）:http://www.aol.com/article/2014/04/28/megan-huntsman-utah-woman-accused-of-killing-6-babies-charged/20877001/

⑧ Psychopedia: The Wikipedia Serial Killer Files, Blackous, 2010.

⑨ 維基百科「格舍・戈特弗里德」（Gesche Gottfried）：http://en.wikipedia.org/wiki/Gesche_Gottfried

⑩ Historum「Notorious serial killers through history」：http://historum.com/general-history/21432-notorious-serial-killers-through-history-3.html

⑪ *Is Arsenic an Aphrodisiac?: The Sociochemistry of an Element,* William R Cullen, Royal Society of Chemistry, 2008.

⑫ Murdepedia「Madame Popova」: http://murderpedia.org/female.P/p/popova-madame.htm

⑬ *Female Serial Killers: How and why Women Become Monsters,* Peter Vronsky, THE BERKELY PUBLISHING GROUP, 2007.

⑭ *Fatal: The Poisonous Life of a Female Serial Killer,* Harold Schechter,POCKET BOOKS, 2003.

⑮ 維基百科「珍・托帕」（Jane Toppan）：http://en.wikipedia.org/wiki/Jane_Toppan

⑯ 《明朝那些事兒》，當年明月，中國友誼出版公司，二〇〇六。

⑰ 《細說明朝》，黎東方，上海人民出版社，一九九七。

⑱ 百度百科「客氏」：http://baike.baidu.com/view/44964.htm

Scary 系列

驚悚、恐怖、神秘　令人不寒而慄！

剛雪印 著 定價 280 元

《犯罪心理檔案 第二季》

所有物種中，
只有人類會在痛苦與死亡中得到快樂。

模仿殺人、雪夜裸屍、屍體工廠、食人狂魔、血腥禮物……瘋狂兇殘的案件，難以捉摸的犯罪，將撕開日常與黑暗的界線，在鮮血之中窺看扭曲的赤裸人性！

鬼古女 著 定價 299 元

《罪檔案系列　鎖命湖》

一切罪惡，最後都會終結在這座湖裡！
就讀心理系的女大學生那蘭，
無意間成為人氣懸疑小說家秦淮的新任助理。
原本以為只是一個單純的打工，
竟然讓她成為被追殺的目標……
隨著秦淮身上謎團加深，
危險就有如一張網，向那蘭收攏……

求無欲 著 定價 299 元

《詭案組 之 戀屍狂魔》

當他親吻腐爛的屍體，
也揭開了長達 20 年的陰謀序幕！
遠離塵囂的偏遠村落在二十年前突然出現了駭人的山鬼，在那之後，村裡的年輕女性一個個都像是被詛咒一般，接連過世。甚至在她們死後，屍體也全都被山鬼刨出褻瀆……

夏憶 著 定價 299 元

《最後一個道士 二》

迷霧深山中的詭異道陣，
重啟了千百年前的駭人爭鬥！
茅山派正天道最後一代傳人，查文斌。為了破解天命，他與考古隊一同進入遺世獨立的深山古村。一入古村便是一個個更加詭秘驚人的封印，古老的青銅輪喚醒了千年亡靈，這場與古代鬥法的探險，將會如何落幕？

繪虹企業股份有限公司出版

國家圖書館出版品預行編目資料 CIP

驚異！世界史：惡女毒婦 / 陳馳作 .
– 初版 . – 新北市：繪虹企業 , 2015.07
面；　公分 . – (Mystery ; 19)
ISBN 978-986-5834-96-8(平裝)

1. 世界史 2. 女性傳記 3. 通俗作品

711　　　　　104008568

Mystery 19

驚異！世界史 惡女毒婦

作者 / 陳馳
主編 / 賴芯葳
編輯 / 王怡之
封面設計 / 黃聖文
出版企劃 / 月之海
發行人 / 張英利
行銷發行 / 繪虹企業股份有限公司
電話 / (02)22180701　傳真 / (02)2218-0704
E-mail / rphsale@gmail.com
Facebook / www.facebook.com/rainbowproductionhouse
地址 / 台灣新北市 231 新店區寶元路一段 91-1 號 1F

台灣地區總經銷 / 高見文化行銷股份有限公司
電話 / (02)2668-9005
傳真 / (02)2668-9790
地址 / 新北市樹林區佳園路二段 70-1 號

港澳地區總經銷 / 豐達出版發行有限公司
電話 / (852)2172-6513　傳真 / (852)2172-4355
E-mail / cary@subseasy.com.hk
地址 / 香港柴灣永泰道 70 號柴灣工業城第二期 1805 室

ISBN / 978-986-5834-96-8
初版一刷 / 2015.07
定價 / 新台幣 280 元

Mystery

LUNA SEA